ro
ro
ro

Zu diesem Buch

Was will das Weib? – Diese verzweifelte Frage stellen sich alle Männer beim Sex. Denn die meisten Frauen erwarten, dass ihr Traumprinz schlafwandlerisch ihre Hot Spots findet. Deshalb hat Beatrice Catherine Poschenrieder Catherine erfunden: jung, selbstbewusst, sehr sexy, ein «Vamp» mit wechselnden Bettgefährten und überaus regem Liebesleben. Catherine nimmt Sie beiseite und erzählt Ihnen ganz vertraulich, was Frauen im Bett wirklich fühlen und denken. Was sie anmacht und abturnt, was die «Dont's» sind und was sie in Verzückung versetzt. Und Mann weiß sofort: Hier ist eine Expertin am Werk!

Die Autorin

Beatrice Catherine Poschenrieder studierte Journalismus und Literaturwissenschaft und arbeitet seit 1992 als freie Autorin in den Bereichen Erotik, Partnerschaft, Psychologie und Gesundheit für *GQ, FHM, Petra, Allegra, Freundin, Marie Claire, Cosmopolitan* u. a. Sie ist seit 1999 als «DocBeatrice» Internet-«Briefkastentante» für Sex und Liebe. Viereinhalb Jahre lang schrieb sie unter dem Pseudonym «Catherine Bikker» die überaus erfolgreiche Erotik-Kolumne für das Männer-Magazin *GQ.*

Beatrice Poschenrieder

Der beste Sex aller Zeiten

Eine Expertin verrät, wie Sie jede Frau glücklich machen

Rowohlt Taschenbuch Verlag

Originalausgabe

Veröffentlicht im Rowohlt Taschenbuch Verlag GmbH, Reinbek bei Hamburg, Dezember 2003 | Umschlaggestaltung any.way, Wiebke Buckow | (Foto: Photonica) | Satz Proforma PostScript (QuarkXPress) | bei KCS, Buchholz/Hamburg | Druck und Bindung Druckerei C.H. Beck, Nördlingen | Printed in Germany | ISBN 3 499 61590 8
Die Schreibweise entspricht den Regeln der neuen Rechtschreibung.

Inhalt

Anatomisches

Lust beginnt im Kopf

Handwerk & Mundwerk

Höhepunkte

Techniken

Sexzeiten / Timing

Gut im Bett – mies im Bett

Psychokram

Sexperimente

Auswärtsspiele

Vorwort

Endlich kann ich Hunderttausenden von Männern sagen, was Sache ist im Bett. Aus meiner Sicht und aus der Sicht von Frauen allgemein. Wie wir das sehen, was die Männer so verzapfen, was daran schön ist, was verbesserungsbedürftig, und was wir uns wirklich wünschen.

Natürlich ist das auch eine Mission: Wenn möglichst viele Männer meine Kolumnen lesen und sie auch wirklich beherzigen, gibt es viel mehr gute Liebhaber und zufriedene (und befriedigte) Frauen. Deshalb liegt mir sehr daran, dass Sie Spaß am Lesen haben und zugleich etwas davon mitnehmen. Nur dort, wo ich allzu ironisch und provokativ war, wurde ich vom Verlag gebremst, denn es soll hier niemand vor den Kopf gestoßen werden. Das sehe ich ein.

Man fragt mich oft, woher ich meine Informationen beziehe und ob die Geschichten alle wahr sind. Das sind sie – aber sie sind längst nicht alle meine eigenen! Ich befrage auch meinen riesigen Freundes- und Bekanntenkreis, ziehe Bücher, Artikel und Fachleute zu Rate, zudem bin ich schon seit vielen Jahren Journalistin und Briefkastentante im Bereich Erotik. Um dies alles unterhaltsam und anschaulich in der Figur einer einzigen «Sexpertin» zu vereinen, erfand ich Catherine, eine Art Alter Ego: Ende 20, attraktiv, selbstbewusst, sehr sexy, ein «Vamp» mit wechselnden Männern und überaus regem Liebesleben. Sex macht ihr Spaß, sie spielt damit, probiert gern neue Sachen aus. Aber sie ist dabei weder tabulos noch eine orgasmische Bettbombe, noch nymphoman. Sie hat ihre Grenzen und Problemchen wie jede andere Frau auch – na ja, vielleicht ein bisschen weniger.

Ihre Beatrice Catherine Poschenrieder

ANATOMISCHES

Erogene Zonen | EZ-Expeditionen

Hier der etwa 4637ste Beitrag zum Thema «Die erogenen Zonen der Frau» – weil etliche Männer es immer noch nicht gefressen haben.

Wie oft bin ich auf Entdeckungsreise über einen männlichen Körper gegangen und habe mit Händen und Mund seine empfänglichen Stellen erkundet – nicht zuletzt mit dem Hintergedanken, er möge mir dasselbe angedeihen lassen und von seinen Fünden Gebrauch machen. Aber was kriege ich überwiegend zurück? Die Kann-ich-schon-auswendig-Nummer: Diverse Zungenküsse ➛ währenddessen Busen freilegen und betätigen ➛ Intimbereich befingern ➛ Feuchtegrad der Scheide prüfen ➛ Verkehr einleiten. Für diese armselige 3M-Sparversion (Mund, Muschi, Möpse) kann ich mir drei Gründe denken:

1) Da viele Männer nur eine EZ (= erogene Zone) an sich zulassen – ihre primären Geschlechtsmerkmale – gehen sie davon aus, dass es sich bei den Frauen ähnlich verhält. Bei solchen Typen würde ich mir selbige Teile am liebsten mit Schildern zukleben: «Bitte erst woanders tätig werden!»

2) Männer sind einfach schneller startklar, und mancher hat's dann so eilig, seine Haupt-EZ in der Frau unterzubringen, dass er nur die nötigsten Handgriffe tut, um sie betriebsbereit zu machen. Das ist zwischendurch okay, aber auf Dauer … oje.

3) Titten und Muschi zu befummeln törnt den Mann auch selber an. Sich mit banalen «neutralen» Körperteilen zu befassen törnt nicht – *ihn* nicht, den gemeinen EZ-Boykotteur. Aktuelle Umfrage der «Neuen Revue»: Was macht Frauen an Kerlen am meisten an? An erster Stelle kam «der ganze Mann». Dagegen oberste Priorität bei ihm: der Busen. «Die ganze Frau» kam irgendwo weiter hinten. Na bitte.

Doch es bringt auch *mir* nicht viel, wenn ich ihm sage: «Kannst du mal bitte meine Hotspots auskundschaften, damit du fürs Vorspiel endlich ein paar Variationen hast?» Oder wenn ich ihn bitte, beispielsweise meinen Nacken, die Kopfhaut oder meine Finger miteinzubeziehen. Richtig gut fühlt es sich nur an, wenn er von selbst draufkommt.

Die heiß begehrte Ganz-Körper-Expedition kriege ich, wenn überhaupt, meist nur ganz zu Anfang, so circa beim ersten und dritten Mal, danach ist Ende mit dem Forscherdrang, und hinfort werden nurmehr altbewährte Wege beschritten. Etwa beiläufiges Begrabschen des Pos und Befeuchten des Halses. (Dass das idiotensichere Stellen am Weibe sind, weiß mittlerweile ja jeder. Fast jeder.) Hartnäckig hält sich auch das Gerücht, Ohren-Ausschlabbern mache Frauen liebestoll. Gilt aber nur für eine Minderheit.

Dabei brächte mehr EZ-Einsatz, sofern auch dieser nicht nach Schema F abläuft, dem Anwender viel. Zum Beispiel eine Beischläferin, die nicht innerlich mit den Augen rollt, sobald er sexuell rührig wird («nicht schon wieder das alte Programm!») und vor lauter Überdruss eher trockener als feuchter wird; sondern eine Zeitbombe, deren Lust langsam hoch kocht, deren ganzer Körper zu einer einzigen EZ wird (huah!, ich darf gar nicht dran denken!), und dann – Mörder-Sex!

Allerdings gibt's auch Typen, die sich *nur* mit den erogenen *Rand*zonen beschäftigen, weil sie sich an die primären nicht rantrauen. Vielleicht befürchten sie den Vorwurf, nur die 3M-Version abzuziehen? Also lutschen sie ein bisschen am Ohrläppchen herum, tätscheln Bauch und Rücken; wenn ich Glück habe, auch ein wenig die Beine. Sobald sie meinen, genug getätschelt zu haben, versuchen sie, ihren Ständer zu verstauen. Nee, Junge, so nun auch wieder nicht!

Was will die Frau denn nun?, werden Sie jetzt indigniert fragen. Soll mann ihre Zehen benuckeln und die Füße oral befriedigen, oder was? Aber nein. (Obwohl – der große Zeh soll ja höchst erogen sein – im Ernst jetzt ...) Ich hab's ja oben schon angedeutet. Ich will, dass er mich ab und zu auffordert, mich einfach hinzulegen und zu entspannen, um sich dann ausführlich meinem Leib zu widmen. Dass er rauf und runter experimentiert: mit Fingerspitzen, Knöcheln, Handrücken und -flächen streicht, knetet, zupft, ertastet oder auch so zart drübergeht, dass sich die feinen Härchen aufstellen ... Mit Mund, Lippen, Zunge, Zähnen küsst, kost, knabbert, haucht. Dass er mich ein wenig auf die Folter spannt. Spielt. Kleiner Tipp: Achten Sie darauf, wo sie zusammenzuckt, ignorieren Sie auch Schreikrämpfe und geballte Fäuste nicht. Dann bitte woanders weitermachen. Aber: Kitzlige Stellen sind meist auch erogene – es kommt nur auf die Art der Berührung an.

Natürlich kostet das Zeit, aber die haben Sie für Sport oder Fernsehgucken ja auch, und ist Sex nicht viel schöner als Sport oder Fernsehen? Auf jeden Fall ist er das, wenn Sie die Frau via EZ's in Verzückung bringen! Und obendrein dient es auch noch der Beziehungspflege, denn wie könnte eine Frau so einen Schatz je verlassen? Es bewirkt, dass Ihre Süße Ihnen mit glückseligem Grinsen das Frühstück ans Bett bringt, Ihre Hemden bügelt, all ihren Freundinnen von Ihren grandiosen Liebhaberqualitäten vorschwärmt und Sie endlich ohne Murren die Sportschau gucken lässt.

Muschi | Von Mäuschen und Miezen

Wie funktioniert das größte anatomische Geheimnis der Frau – ihre Muschi? Catherines kleine Gebrauchsanweisung.

Wenn ich so über meine Muschi nachdenke, fallen mir als Erstes die vielen Deppen ein, die an ihr rumrubbelten, als wollten sie einen verkrusteten Topf schrubben, oder die ignorierten, dass sie einen Startknopf hat, den man erst mal betätigen muss, bevor man ihr was einführt. So was sollte ich eigentlich nie mehr an mein delikates Teil ranlassen. Obwohl – das wären ganz schön viele: Ungefähr jeder zweite Kerl hat wenig Ahnung, wie dieses komplizierte Apparätchen zu bedienen ist. Nun entgegnen Sie vielleicht: «Die meisten Frauen wissen doch auch nicht wirklich, wie ein Schwanz behandelt werden will.» Bloß: So ein Schwanz geht viel leichter hoch, als eine Scham feucht wird. Es sei denn, er gehört einem, der schon schwer auf die Rente zuprescht.

Tja. Die Muschi trägt nicht umsonst einen Katzennamen, ist sie doch so possierlich und haarig, aber auch so eigenwillig wie dieses Tierchen – man weiß nie so recht, woran man ist, und unsachgemäße Behandlung ahndet sie prompt mit Rückzug oder einer Strafrunde Fingerübungen.

Zugegeben: Sie macht's mir auch nicht leicht. Manchmal weiß ich selbst nicht genau, was meine will. Nehmen wir vorgestern: Mein Lover machte alles richtig, und trotzdem blieb sie furztrocken (lag vielleicht am Tampon …). Aber im Normalfall haben ihre Zicken gute Gründe. Etwa bei Typen, die die Scheide quasi für einen nach innen gestülpten Pimmel halten und daher meinen, sie müssten sich in erster Linie an ihr zu schaffen machen – mit Fingern, Zunge und sonstigen Gerätschaften.

Doch wisse: Die *Klitoris* ist sozusagen ein Mini-Penis, oder auch der Penis eine vergrößerte Klit – wie herum, da streitet sich die Wissenschaft, aber besagten Ignoranten würde diese Kenntnis zumindest helfen zu kapieren, dass sie ihre Bemühungen vor allem dorthin richten sollten. Gut, wir können mit dem Kitzler zwar nicht pullern. Aber als kleine Eselsbrücke: Da, wo Männer die Hoden haben, haben wir eine Höhle, da, wo Männer einen Penis haben, haben wir einen Kitzler. Ist doch nicht so schwer zu merken, oder? Also bitte die Zunge dort platzieren und nicht in der Scheide. In ebendiese müssen einige Kerle auch geradezu zwanghaft ihre Flossen stecken, um dort stundenlang herumzuwühlen. Das kann ja ganz nett sein, mehr aber auch nicht. Weiter vorn erzielen Finger mehr Effekt!

Als Orientierungshilfe für alle, die die Klitoris in oder an der Scheide suchen (ach was – Sie auch?), eine Wegbeschreibung: Folgen Sie dem Verlauf der kleinen Schamlippen (ja genau, diese roten schrumpligen Läppchen). Vorn, wo sie zusammenlaufen, befindet sich ein linsenkleines rosa Etwas, oft auch noch versteckt unter einer Hautfalte. Kaum zu glauben, dass so ein unscheinbares Mickerteilchen solch großartige Empfindungen auszulösen vermag wie etwa 17-fache Orgasmen!

Besser freilegen können Sie's, wenn Sie die umliegenden Teile auseinander ziehen. Ist aber beim Stimulieren nicht nötig, im Gegenteil: Direktes Anfassen ist Frauen oft unangenehm. Das fühlt sich für Sie so an, als ob eine grobe Riesenfaust Ihre nackte Eichel schrubbt. Indirekte Stimulation bringt dann wesentlich mehr, etwa wenn man die inneren bzw. äußeren Schamlippen hin- und herbewegt oder mit der ganzen Handfläche den Venushügel massiert. Schongang für die Pfötchen: Gegenstände wie Federn, Pelzchen, Pinsel, Vibratoren etc. benutzen – durch den Effekt des (Körper-)Fremden hoch prickelnd …

Und woran erkennen Sie zweifelsfrei, dass die Frau paarungsbereit ist? Erste Voraussetzung ist natürlich eine anständige Lubrikation (= betriebseigenes Schmiermittel). Allerdings wird die oft schon rein mechanisch bei gewissen Reizen abgesondert – bzw. kann auch unauffällig aus der Tube eingebracht werden. Röchelnder Atem, Seufzen, Sich-Winden? Leicht simulierbar. Deutlichere Hinweise sind: Die schrumpligen Läppchen sehen jetzt schon eher aus wie Lippen, und aus der rosa Linse ist eine rote Erbse geworden. Sie füllt sich in freudiger Erwartung von Sex nämlich mit Blut ... jaja, ganz genau so wie Ihr bestes Stück.

Stellen Sie sich einfach vor, Ihr Schniedel sei zu einem zarten Winzling geschrumpft, mit konzentrierter Sensibilität. Wie will so ein Powerzwerg behandelt werden? Drei Zauberworte: behutsam, gleichmäßig, ansteigend. *Behutsam* im Druck, lieber leichter als fester; *gleichmäßig* in der Bewegung (allzu viel Abwechslung oder Unterbrechung lenkt ab!); *ansteigend* im Tempo: langsam anfangen, allmählich schneller werden. Wobei die Wünsche bezüglich des Tempos je nach Frau oder auch Situation sehr verschieden sein können. Das müssen Sie ganz nach Gefühl machen, in der Regel gibt die Beglückte körpersprachliche und/oder lautliche Hinweise.

Klar, dass Trockenheit kontraproduktiv ist; für «richtig geil» sollte es wie geschmiert gehen. Gleithilfe kann mann sich aus der Scheide holen. Die ist auch noch trocken? Dann haben Sie wohl woanders noch zu wenig Vorarbeit geleistet, es sei denn, Sie sind mit einer Dame zugange, deren Hormone oder Gefühle gerade Amok laufen. Hey, guten Sex kriegt man nicht geschenkt – die Empfänglichkeit des Intimbereichs muss erst mal geweckt werden durch Zuwendungen andernorts, wie Kopfhaut- oder Kniekehlenmassagen, was auch immer. Und danach bitte nicht direkt auf die Kleine Doris stürzen, sondern anpirschen: etwa mit innigen Schenkel-Küssen, dann das Schamhaar kraulen und frisieren (seufz!), oder den Slip nicht gleich runterzerren, sondern seitlich reinfummeln, zusammenschieben, rumspielen (lechz!). Das ist wie mit einer Katze: Wer was von ihr will, muss sich erst mal einschleimen.

Lubrikation | Läuft was?

Was tun, wenn die Eigenbefeuchtung Ihrer Spielgefährtin lahmt? Catherine verrät, wie man aus einer Trockenzone ein Feuchtbiotop macht.

Nicht von ungefähr beschreiben Männer ihre erotischen Erlebnisse gern mit Details wie: «Sie lief aus», «Zwischen ihren Füßen bildete sich eine Mordspfütze» oder «Ich wäre schier ertrunken». Damit meinen sie Zeugnis ihres Sexappeals oder ihrer Liebhaberkünste abzulegen. Die hauseigenen Gleitsubstanzen der Frau («Lubrikation») gelten als das weibliche Pendant zur Erektion. Im Volksglauben steht die üppig benetzte Scham für Geilheit im Allgemeinen oder koitale Bereitschaft im Speziellen – und Trockenheit für Frigidität oder dafür, dass das männliche Gegenüber die sexuelle Anziehungskraft und Fähigkeit eines Bonsai besitzt.

Früher dachte ich auch in die Richtung. Und wunderte mich immer wieder, dass ich manchmal eindeutige Gelüste verspürte, obwohl meine Kleinodien trocken waren wie ein Hamsterfell. Oder dass ich Akte trotz nassen Schritts als fad empfand («mechanische Saftigkeit»). Klar ist in der Mehrheit tatsächlich die Lust der Auslöser für intime Absonderungen. Ist das Vorspiel dürftig oder auch mein Verlangen nach dem Manne, «läuft» eben nichts. Aber ebenso wie ein Penis auch bei der reizendsten Profibläserin streiken kann, unterliegt die Lubrikation mannigfachen Einflüssen.

Zuerst einmal gibt es Frauen, die von Natur aus mit reichlich Säften gesegnet sind, und die haben nicht unbedingt ständig ihre Tage oder Ausfluss. Und es gibt welche mit einer wenig produktiven Schmiermittelfabrik. Bei Männern habe ich übrigens ähnliche Unterschiede festgestellt: Viele Penisse sondern ja in der Erregung ein wenig Feuchtigkeit ab (der «Sehnsuchtstropfen»), manche jedoch so reichlich, dass die Frau sich unwillkürlich fragt, ob der Besitzer wohl heimlich schon gekommen ist; andere wiederum sind immer völlig trocken – das sind oft Beschnittene. Das männliche Sekret ist ebenso wie das weibliche dazu da, den Sex gut flutschen zu lassen. Wussten Sie, dass die meisten Säugetierweibchen so etwas nicht haben? Da ist es dann das Männchen. Zum Beispiel trieft der Ständer eines Hengstes die ganze Zeit.

Um wieder zu den Menschenweibchen zu kommen: Ich selber gehöre zur verbreiteten Spezies derer mit einer ungleichmäßigen Gleitmittelproduktion. Alles Mögliche kann sie ausbremsen, erfuhr ich vom Gynäkologen, etwa hormonelle Eskapaden (Östrogenmangel, die Pille, Schwankungen im Zyklus), Stress, zu viel Alkohol oder Nikotin, Müdigkeit, Medikamente, heiße Bäder. Oder auch die Psyche: beispielsweise Hemmungen, Angst (vor Schmerzen, Schwangerschaft, zu viel Nähe) oder der falsche Kerl (Hinterkopf an Unterleib: «Dieser Typ ist nicht gut für dich! Bitte nicht reinkommen lassen!»). Und manchmal ist die Eigenbefeuchtung einfach nur zögerlich. Etwa in längeren Beziehungen, wenn der Lebensgefährte in seinen häuslichen Schlabberklamotten eben nichts mehr zum Sabbern bringt.

Wie dem auch sei: Es hatte mich oft selber irritiert, wenn Schatzi doch so schön den Rücken oder Sonstiges kraulte, und es tropfte nichts und tat sich nichts. Hatte ich keine Lust? Und warum? Sollte ich Schatzi umtauschen? Gemeinerweise war es dann sogar oft kontraproduktiv, wenn er schließlich zum Frontalangriff aufs Genital startete. Denn Rubbeln an trockenen Teilchen ist selten schön, nein. Damit es erregend wäre, müsste es feucht sein, und damit die natürliche Feuchte käme, müsste es erregend sein. Fürwahr ein Circulus vitiosus, um mal wieder mit meiner Bildung zu protzen, also ein echter Teufelskreis. Doch die Lösung liegt buchstäblich auf der Hand: Damit es läuft wie geschmiert, muss man eben schmieren.

Womit? Ab und an nässen wir Frauen ja inwendig, obschon sich äußerlich noch kein Anzeichen dafür findet. Dann braucht man bloß ein, zwei Finger in die Scheide zu tauchen, um sich draußen die Handarbeit zu erleichtern. Auch eine wohl geführte Zunge bringt so manches rasch in Fluss. Spucke auf dem Finger finde ich dagegen suboptimal, sie verfliegt zu rasch. Ähnliches gilt für Körperlotion und Handcreme: Die sind ja zum Einziehen gemacht.

Taugen Flutschhilfen aus dem einschlägigen Handel was? Zum Teil. Manche enthalten Parfum oder Glycerin, was zarte Intimzonen reizen kann. Da leistet das Salatöl aus der Küche oft bessere Dienste. Oder, noch besser, Vaseline – allerdings gehört sie nicht *in* die Frau, dort ist sie ungesund. Und noch eins: Fetthaltiges macht Kondome und Diaphragmen porös. Wenn man also damit verhütet, sind *fettfreie* Gels angesagt. Gibt's zum Beispiel in der Apotheke und in Sexshops. Mein Favorit heißt «Bioglide» oder so ähnlich und kommt aus einem Schwulenladen. Allerdings empfiehlt es sich, orale Spiele vor dem Auftragen einzulegen, denn diese Gels schmecken einfach scheußlich.

Summa summarum: Schleimige Ein- und Auflagen, gleich zu Anfang ins Spiel gebracht, können uns förmlich zum Dahinschmelzen bringen. Warnung: Natürlich ist es verführerisch, Gleitmittel zu verwenden, um seinem ungeduldigen kleinen Freund möglichst rasch Eintritt zu verschaffen. Aber: Selbst die Mädels, die immer schlüpfrig im Schlüpfer sind, verlangt es meist nach anständiger Vorarbeit, und die trockeneren umso mehr. Wer dies missachtet, wird über kurz oder lang mit einer Dürreperiode bestraft.

G-Punkt | Genusspunkt oder Grauzone?

Macht eine gezielte Stimulation des sagenumwobenen G-Punktes das Innerste der Frau zur Wundertüte? Catherine geht der Sache auf den Grund.

Nach der Routineuntersuchung fragte ich meinen Arzt beiläufig, ob denn nur ein Teil der Frauen mit dem ominösen Wunderfleck namens G-Punkt ausgerüstet sei. «Jede Frau hat einen», antwortete er. «Ich glaube, ich nicht», sagte ich klagend. «Natürlich haben Sie einen», erwiderte mein Gynäkologe und zog sich einen Latexhandschuh über die Rechte, «wenn Sie erlauben, zeige ich ihn Ihnen.» Da ich ohnehin noch wie ein offenes Buch auf diesem Stuhl lag, nickte ich. Er führte seinen Mittelfinger ein und verharrte etwa vier Zentimeter oberhalb des Eingangs, und zwar an der Vaginalwand, die dem Schamhügel zugewandt ist. «Genau genommen ist es kein Punkt, sondern ein Bereich, an dem besonders viele erogene Nerven sind – wahrscheinlich Ausläufer der Klitoris. Aber *wie* erogen, ist von Frau zu Frau und je nach Grad der Erregung verschieden.»

Er strich einige Male mit spürbarem Druck darüber. «Wie fühlt sich das an?» – «Nicht gerade erotisch», sagte ich, «eher so, als ob ich mal müsste.» Das schien ihn zu freuen. «Sehen Sie, dann liegen wir ja genau richtig. Wenn ich jetzt hier weiter riebe, würde es wahrscheinlich irgendwann in sexuelle Wohlgefühle umschlagen, vielleicht sogar im Orgasmus enden.» Ich befand, das sei eine schöne Aufgabe für meinen Lover, hob die Knie aus den Halterungen und ließ mir noch ein paar Anleitungstipps mitgeben.

Aber ich war auch verwirrt. Wenn ich den G-Spot wirklich besaß, hätte ich ihn doch schon längst mal spüren müssen …

Zum Beispiel in der Hundestellung, die laut Doktor besonders gut geeignet sei, um ihn zu treffen. Bei meiner Freundin Ines klappt das, wie sie sagt, prächtig; sie muss nur ihren Hintern zurechtrücken, damit ihr Liebhaber bzw. dessen Latte auf eine bestimmte Stelle stößt, und schon nach drei Minuten kommt sie. Mir war so was noch nie passiert. Obwohl … manchmal beim Paaren nach Art der Tiere fühlte sich irgendwas da drinnen so gut an, dass man unwillkürlich «ja, ja, bleib so» rufen musste. Vielleicht doch ein Lebenszeichen von der G-Zone?

Biologisch macht es Sinn: Dadurch hatte die Frau ein bisschen mehr Lust auf Vögeln – der Urmensch trieb's ja sowieso immer von hinten.

Ich ging nach Hause und probierte meinen bis dato unbenutzten Vibrator-G-Spot-Aufsatz aus. In allen möglichen Positionen, auf dem Rücken liegend, auf dem Bauch, auf Händen und Knien, im Sitzen … Das Einzige, was ich sehr gut spürte, war das Kribbeln am Eingang. Hmmm … wahrscheinlich wäre der Einsatz eines lebenden Objekts doch erfolgsträchtiger.

Abends konnte ich es kaum erwarten, bis mein Beau vorbeikam. «Honey, ich habe einen G-Punkt!», frohlockte ich, «und du musst ihn zum Leben erwecken!» – «Ich dachte, den gibt's gar nicht», sagte er, «also was soll ich tun?» Ich legte mich rücklings aufs Bett, entfaltete die Beine wie auf dem Gynäkologenstuhl, beschrieb ihm die Stelle und erklärte ihm, wie der Arzt gerieben hatte. Gesagt, getan – aber weder Harndrang noch Wohlempfinden stellten sich ein. «Mehr Druck!», bat ich, doch das erzeugte nurmehr ein Gefühl, als säße ein Tampon quer. «Wie wär's mit etwas Vorspiel?», fragte ich, «mit Leidenschaft flutscht alles besser.» Da Honey ein Schatz ist, küsste, kraulte und koste er noch ein oder zwei Stündchen, bis ich kuhartige Töne von mir gab und mich wieder in Positur legte.

Der Doc hatte geraten: «Er soll die Hand so halten, dass der gekrümmte Finger sozusagen das Schambein umfasst, und langsam gleitend streichen.» Jetzt, angeheizt, gefiel mir das Ganze recht gut, vor allem diese Arzt-Patientin-Situation. Nur am Wunderpunkt selbst tat sich immer noch nichts, außer ein nicht unangenehmes Druckgefühl.

Ich konsultierte mein Sex-Lexikon. Danach geht der G-Punkt auf den Gynäkologen Gräfenberg zurück: «Eine erotische Zone konnte nachgewiesen werden an der Vorderwand der Vagina entlang der Harnröhre», schrieb er 1950. «Analog zur männlichen scheint auch die weibliche Harnröhre von Schwellkörpern umgeben zu sein. Im Laufe der sexuellen Stimulation beginnt sie sich zu vergrößern und kann leicht gefühlt werden … Der stimulierendste Teil liegt an der hinteren Harnröhre, da, wo sie vom Blasenhals austritt.» Sprich, wenn dieser Teil im Schwellzustand ist, lässt sich – besonders bei gefüllter Blase – an der entsprechenden Stelle in der Scheide eine kleine Ausbeulung ertasten.

Ich bat meinen Lover, danach zu suchen. Er fingerte tiefer, sagte, «da ist schon so was in der Art …!» und rieb rhythmisch und recht kräftig. Wie im Lexikon beschrieben, stellte sich bei mir erst ein gewisser Drang ein (die Blase!), der nach ein paar Minuten tatsächlich in eine Art «sexuelles Wohlgefühl» umschlug! Bloß, zum Orgasmus würde es wohl nicht reichen.

Da kam Hase auf die geniale Idee, seinen Fundort und meine Perle gleichzeitig zu stimulieren. Ich hatte einen markerschütternden Höhepunkt.

Doch mein Fazit lautet leider: Bei mir bringt's der G-Punkt *allein* leider nicht. Dabei hatte mein Hase so gehofft, er fände mal einen Weg zum «rein vaginalen Orgasmus»! Sein Kommentar: «Wenn ich mal reich bin, kaufe ich dir so 'n Spot; oder besser gleich mehrere: für jede Scheidenseite einen und einen für den Mund – damit du beim Blowjob auch kommst …»

BRÜSTE | Busologie

Ist die weibliche Brust eine erogene Zone? Für den Mann schon: Kaum macht er sich dran zu schaffen, wird er spitz. Frauen dagegen oft nicht so, weiß Catherine.

Nicht nur einmal habe ich aus Männermund gehört: «Wenn ich eine Frau wäre, würde ich mir den ganzen Tag an den Möpsen rumspielen und fände das geil.» Ach ja? Abgesehen davon, dass es wohl nur Pornomiezen was bringt, sich selber ihre Silikon-Melonen zu kneten (nämlich Mäuse), sind sehr viele Frauen zum Beispiel am Nacken oder Po erregbarer als an ihren Brüsten. Männer sollten lieber froh sein, dass sie nicht noch Anhängsel am Oberkörper haben. Die können nämlich ziemlich lästig sein. Müssen mit unbequemen BHs gebändigt werden, weil sie bei jeder Bewegung wackeln und schaukeln. Ding dong, ding dong. Ach, Sie finden, das ist ja gerade das Schöne? Na dann stellen Sie sich einfach vor, Sie hätten überdimensionale Eier, und alle Frauen starren drauf oder machen blöde Bemerkungen. Jedenfalls: In Umfragen zählen nur 30 bis 50 Prozent der Mädels die Dingdongs zu ihren Top-Hot-Spots.

Apropos blöde Bemerkungen: Frauen sind bezüglich ihrer Hügel so sensibel wie Männer hinsichtlich ihres kleinen Freundes. Also sagen Sie auf keinen Fall etwas, was in irgendeiner Weise negativ ausgelegt werden könnte («du solltest jetzt besser einen BH tragen»), und erwähnen Sie NIEMALS (!!!) die Ausbuchtungen anderer Frauen. Im Gegenteil: Wenn Sie wollen, dass Ihre Partnerin «busenempfänglich» wird, müssen Sie ihr vermitteln, dass die ihren genau dem entsprechen, was Sie schon immer wollten.

Nun hätten Sie sicher gern ein paar Brust-Behandlungs-Regeln, um das Angenehme (daran herummachen) zuverlässig mit dem

Nützlichen (Lust der Frau) zu verbinden. Das Blöde ist nur, dass es keine Regeln gibt. Was die eine erhitzt (derbes Walken), ist der anderen schon zu viel; was einigen gefällt (Schmetterlings-Samtpfötchen), kitzelt manche bloß unangenehm. Wieder andere würden sich am liebsten einen Latz umhängen: «Weiträumig umfahren!» Und dann gibt es noch welche, auf die das alles zutrifft – abwechselnd. So einen komplizierten, launischen Busen nenne auch ich mein Eigen.

Ich habe 75 B – also exakt das Mittelmaß (die berühmte «Hand voll»). Allerdings schwankt die Füllung meines BH: Kurz vor der Periode oder wenn ich die Pille nehme, brauche ich fast eine Größe mehr. Da langt mein Liebhaber natürlich besonders gern zu. Bloß, außer dem optischen Gewinn hat er nicht viel davon. Denn dann sind meine Teile so empfindlich, dass ich ihn überhaupt nicht mehr dranlasse. Zudem hängt deren Empfänglichkeit auch von der Stimmungslage ab. In Zeiten der Lustlosigkeit will auch mein Vorbau in Frieden gelassen werden; ebenso, wenn ich einen Gierhals habe, der sich immer gleich an die Brust wirft. Oder einen, der da grundsätzlich einiges falsch macht. Beispiele gefällig?

Auf der Suche nach allgemeingültigen Busen-Anleitungen stieß ich im Dolly-Buster-Shop auf ein wohlfeiles Buch: «Sex-Luststeigerung in der Ehe». Da empfiehlt ein angeblicher Dr. Auer direkt «nach der Kussphase» folgendes Vorspiel: «Der Mann streift etwa wie unbeabsichtigt von der Seite her über die Brüste seiner Partnerin. Wenn sich die Brustwarzen dabei verlangend aufrichten, darf er dies als ein Signal betrachten, weiterzugehen.» Halt! Stopp! Bei einem erregten Busen treten zwar meist die Nippel hervor, aber ausgefahrene Nippel sind nicht automatisch ein Zeichen für Erregung! Sondern oft nur ein Reflex auf Kälte oder Berührung. Wenn ich eines blöd finde, dann diese verstohlenen Spitzen-Spiele. Auch das Stimulieren mit Eiswürfeln – wie es gern in Sexgazetten empfohlen wird – vergessen Sie lieber. Kaltes am

Busen wirkt kontraproduktiv, außer für den Mann, der sich freut, wenn sich ihm die Wipfel entgegenrecken (drum wird der Eiswürfeltrick oft in Pornoproduktionen angewandt). Ihr Pimmel mag ja auch keine Kälte, oder?

Und überhaupt kann ich es nicht besonders leiden, wenn sich einer direkt nach dem Küssen meinen Oberkörper-Erhebungen zuwendet. Da kommt wieder dieses 3-M-Schema (Mund ➛ Möpse ➛ Muschi) zum Einsatz, das ich an anderer Stelle bereits angeprangert habe. Weiblichen Unwillen lösen auch aus: immergleiche Liebkosungen an derselben Stelle sowie Standard-Griffe, die sich anfühlen, als habe er sie schon tausendmal angewandt.

Nun gut. Schauen wir mal, was Ihnen Dr. Auer nach dem verlangenden Brustwarzen-Signal nahe legt. «Es erregt die Frau zumeist sehr, durch den Büstenhalter hindurch … das Spiel seiner Finger an den Brustwarzen zu spüren …» Nochmals falsch. Dreht man die Knöpfe durch die Kleidung oder den BH hindurch, bringt der Stoff oft eine unangenehme Art von Reibung, vielleicht ähnlich der, wenn eine freigelegte Eichel an der Unterhose schubbert. Überhaupt, die männliche Fixierung auf die Nippel! Daran gezwirbelt zu werden kann anfangs oder zwischendurch ganz nett sein, aber falls es nichts anderes gibt und zu lange geht, nervt's nur noch.

Besser: Die ganze Brust liebkosen und mehr integrieren als nur ein, zwei trockene Finger. Zum Beispiel die komplette Hand, Mund, Wange oder Flutschiges wie Öl, Körperlotion, Sahne … Gerade die Stimulation der Warzen fühlt sich oft netter an, wenn etwas Feuchtes integriert ist. Zunge und Lippen tun's natürlich ebenso, jedoch auch hier sollten Sie erst mal behutsam rangehen und nicht gleich saugen, als wollten Sie den Milchfluss in Gang setzen. Probieren Sie halt ein wenig herum! Etwa die beiden Schätzchen, falls möglich, in der Mitte zusammenführen und beide Nippel gleichzeitig lutschen. Mit steigender Erregung wächst übrigens die Toleranz, dann können Sie eventuell auch härter rangehen.

Weiter rät Dr. Auer: «Ohne dass er mit den Zärtlichkeiten aufhört, die ihrem Busen gelten, lässt er seine Hände nun weiter auf Eroberung ausgehen, und in dem Stadium der Erregung, in dem sich die Frau bereits befindet, hat er keine Schwierigkeiten, seine Hand unter den Zwickel ihres Slips zu schieben. Die erste Kontaktaufnahme mit ihrer Scheide verrät ihm deutlich, ob sie bereit ist, mit ihm intim zu werden. Wenn sich seine Finger von ihrer Liebesflüssigkeit befeuchten, dann kann kein Zweifel daran bestehen …»

O no! Bitte nicht! Das ist ja schlimmer als in einem schlechten Film! Zwar freut sich Günni Dumpfbacke: «Siehste, hab ich mir schon immer gedacht, dass das so geht. Trick 17: Schraub ich paar Minuten ihre Möpse, schwimmt die Mutter weg, und dann mach ich den Günnikologen …» Aber genau diese Schema-F(ick)-Schiene kann uns sämtliche Gelüste auf Tittentaten und auch auf Sex vermiesen. Mein Rat an Sie: Behandeln Sie den Busen nicht als eine Art Abkürzung zum Unterleib. Vielen Frauen beschert er ohnehin nur Lustgewinn, wenn sie vorher an anderen Stellen erotisiert werden (und damit meine ich nicht unbedingt die Stellen, die Sie jetzt anvisieren). Jedoch eine herzhafte Männerhand an unserer Oberweite, wenn wir schon voll im Safte stehen: Oh ja, das setzt dem Sinnesrausch noch einen drauf …

Penisgrösse | Darf's ein bisschen mehr sein?

Spielt die Penisgröße eine Rolle für die Frau? Catherine meint: Ja, nein, jein.

Manchmal bin ich echt froh, dass ich eine Frau bin und mein Selbstwertgefühl nicht von ein paar Zentimetern mehr oder weniger Fleisch abhängt. In dieser Hinsicht ist das männliche Ego so sensibel, dass Kondomgrößen von Small, Medium, Large in L, XL, XXL umgetauft werden mussten – S und M mochte kaum einer kaufen. Und auf die Umfrage «Wären Sie lieber 1,60 groß mit einem 18-cm-Penis oder 1,85 mit einem 8-cm-Penis?», antworteten fast zwei von drei Männern: «Ersteres.»

Halten auch Sie Ihren Pillermann für zu klein geraten? Oder finden Sie, er könnte ruhig etwas beeindruckender sein? Dann gehören Sie zur Zwei-Drittel-Mehrheit der deutschen Männer. Immerhin 96 Prozent haben ihn schon mal vermessen! Und die meisten legen eine viel zu hohe Latte an ihre Latte. Begehen zum Beispiel den Fehler, ihr Gehängsel im entspannten Zustand mit dem anderer Männer zu vergleichen. Da gibt's gigantische Unterschiede, die im *erigierten* Zustand so groß gar nicht mehr sind. Gerade solche, die schlafferweise eher bescheiden rüberkommen, haben oft ein enormes Schwell-Potenzial. Und umgekehrt. Jede Frau, die schon mehr als zwei Lover hatte, weiß das. Deswegen interessiert uns der unausgefahrene Dödel meist herzlich wenig, und schon gar nicht die Eier. Manche Männer denken, ein Mammut-Teil mache uns schon von der Optik her mehr an. Aber das Aussehen der Geschlechtsteile ist für Frauen viel weniger wichtig als für Kerle.

Leider kriegt ein Mann die Ständer anderer Männer normalerweise nur in Pornos zu sehen, wo sie fast immer recht stattlich sind – klar, für einen Pornodarsteller ist das ein berufsqualifizierendes Kriterium. Kein Wunder, dass der Normalverbraucher daneben schlecht abschneidet. Langer Rede kurzer Sinn: Sehr viele Männer unterschätzen ihr Organ. 12 bis 17,5 cm (steif!) gelten als deutsches Mittelmaß, und damit kann die Frau durchaus etwas anfangen.

In einer Umfrage sagten 40 Prozent der Männer: «Die Größe des Penis ist nicht wirklich wichtig.» Gilt also im Umkehrschluss, dass satte 60 Prozent sie für wichtig halten? Schauen wir mal auf die Frauenseite: Diverse Studien ergaben, dass die weibliche Mehrzahl die Ausmaße weniger entscheidend findet als das, was der Besitzer damit macht. Allerdings: Fast jede Dritte legt Wert auf ein ordentliches Kaliber – was sich mit meinen eigenen Erhebungen deckt. Das dürfte fast an den Prozentsatz der Pimmel rankommen, die dem auch entsprechen. Sehen Sie: Dann passt's ja wieder! Viele Männer bevorzugen ja auch eher engere Frauen. Sicher kennen Sie den Spruch: Eine weite Möse zu vögeln ist, als werfe man eine Wurst in den Hausflur …

Die weiblichen Geschlechtsapparate sind nämlich genauso unterschiedlich in Ausmaß und Form wie die männlichen. Das hat man schon vor 2000 Jahren erkannt und im Kamasutra, dem Buch der altindischen Liebeskunst, ganz freizügig dargestellt. Männer und Frauen werden entsprechend ihrer Ausstattung in drei Typen unterteilt: Hase/Gazelle, Stier/Stute, Hengst/Elefantenkuh. Alle anderen Paarungen gelten als sexuell eher inkompatibel. Falls der liebe Gott also ein wenig geizig bei Ihnen war, sollten Sie sich möglichst nicht mit der weitesten Gattung zusammentun. Nun können Sie ja schlecht beim Kennenlernen fragen: «Bist du eine Stute oder eine Elefantenkuh?» Aber Sie könnten zum Beispiel bei der ersten Wohnungsbegehung in ihrem Badezimmerschränkchen ihre Tampongröße ermitteln. Und dann dezent verschwinden, falls «SuperPlus» auf der Packung steht.

Weniger krasse Diskrepanzen kann man laut Kamasutra so ausgleichen: Hat eine Gazelle oder Stute einen zu großen Partner, soll sie Stellungen wählen, in denen sie sich weit öffnen kann. Treibt's die Stute oder Elefantenkuh mit einem kleineren Typus, erhöht sie die Reibung, etwa indem sie ein bis zwei Beine zwischen seine schiebt, das geht in allen möglichen Stellungen, oder die Beckenmuskulatur anspannt.

Dass es da auch heute noch unterschiedliche Präferenzen gibt, zeigte eine Selbsterfahrungsgruppe, der ich beiwohnte («Sexuelles Erleben der Frau»), in der die Teilnehmerinnen sich aus einer Gurke ihren Idealphallus schnitzen sollten. Die zum Vorschein gebrachten Größen variierten beträchtlich. Oder gehen Sie mal in einen Sexshop für Frauen, und sehen Sie sich die Dildos an. Dildos! Nicht Vibratoren, denn die werden meist nur außen angehalten. Da stehen nicht nur Giganten herum! Ich sagte bewusst: «Sexshop für Frauen». Wenn Sie in einen gehen, in dem auch Schwule einkaufen, sehen Sie ganz andere Kaliber. Keine Ahnung, wie die so was unterbringen …

Aber ich schweife ab. Etliche Männer glauben, wir Frauen würden nur aus Rücksicht auf sie nicht zugeben, dass wir auf Riesenhämmer stehen. Zugegeben: Männer mit mächtigem Gemächt scheinen mir im Durchschnitt sexuell selbstbewusster und experimentierfreudiger. Erstens: weniger Hemmungen, Unsicherheiten und Versagensängste. Zweitens: Ein längerer ermöglicht schon mal mehr Stellungen als ein kurzer, der manchmal einfach nicht mehr ranreicht oder bei heftigen Bewegungen rausrutscht. Von daher sind mit Jumbos auch mehr Akte an exotischen Orten drin, die etwa Sex im Stehen verlangen. Was aber weibliche Empfindung betrifft, ist der Umfang entscheidend. «Kurz und dick, der Frauen Glück – lang und fein, der Frauen Pein», sagt der Volksmund ganz richtig. Und die Dicke kann man durchaus manipulieren, etwa mit Noppenkondom und/oder Penisring.

Andererseits gibt es auch Gutausgestattete, die sich keine sonderliche Mühe geben, den Akt auch für die Frau nett zu gestalten, weil sie sich drauf verlassen, dass ihr Brummer schon genug Lust spendet. Aber was nützt mir der prächtigste Prügel, wenn das sexuelle Repertoire des anhängenden Individuums aus kaum etwas anderem als Reinhängen besteht?

Penisfixierte Männer meinen, es sei vor allem Sache des Schwanzes, Frauen zu befriedigen. Was unsinnig ist, weil mindestens jede Zweite beim bloßen Koitus gar nicht kommen kann – aber fast alle durch einfühlsame Stimulation mit Hand oder Zunge. Genau darum kann Sex mit unterdurchschnittlich Bestückten auch fabelhaft sein. Wenn nämlich einer fehlendes Format wettzumachen versucht durch Finger- und Zungenfertigkeit, Standvermögen, Zärtlichkeit, Feingefühl. Frauen betrachten einen Schniedel nämlich selten isoliert. Hängt an einem Lütten ein klasse Kerl dran, drücken wir gern ein Auge zu. Oder andersrum: Ich war mal mit einem zusammen, der sich nach und nach als Kotzbrocken entpuppte. Anfangs fand ich sein monströses Gerät toll, am Schluss nur noch widerwärtig. Dieses aufgeplusterte Stück Fleisch, das mir so aggressiv entgegenstarrte …

Fazit: Am liebsten ist mir ein toller Typ, der etwas überm Durchschnitt liegt, aber denkt, er wäre drunter.

Bett-Kommunikation | Mäuschenstill

Catherine fragt sich: Warum machen so viele Frauen im Bett den Mund nicht auf? Nein, nicht zur Fellatio. Sondern um zu sagen, was sie wollen.

Selbst Sigmund Freud gab zu: «Die große Frage, die ich nicht zu beantworten vermag: Was will eine Frau?» Dergleichen höre ich öfters von Männern. Sie beklagen die Passivität der Partnerin im Bett, ihre Unlust, den Mangel an Begeisterung, ihr Orgasmus-Problem, und dann kommt das verzweifelte: «Ja, was will sie denn überhaupt?«

Ich möchte wetten, auch Freud wusste es nicht, weil er dasselbe gemacht hat wie die meisten Männer: gar nicht erst nachgefragt. «Warum eigentlich nicht?», warf ich im Biergarten in die Runde. Und bekam zu hören (von Kerlen!): Sie wollen es gar nicht so genau wissen. Wer fragt, muss dann auch reagieren, und das könnte ja anstrengend werden. Dass die Dame zum Beispiel minutenlang gestreichelt werden will – und das nicht mal an ihren Geschlechtsmerkmalen! Könnte auch sein, dass sie ihn mit ihren Ansagen unter Leistungsdruck setzt («Drei Minuten reichen nicht mal, um ein Ei zu kochen, geschweige denn, mich zu befriedigen!»). Oder irgendwas will, was ihm gegen den Strich geht. Etwa Heavy Petting ohne Reinstecken. Oder dass er gelegentlich im Haushalt hilft.

Zudem: Wie beim Autofahren lässt sich der gemeine Mann beim Sex ungern etwas sagen, weil er sowohl das Autofahren als auch den Sex für seine angeborenen Spezialgebiete hält. Und ebenso wie er am Steuer niemals nach dem Weg fragen würde, haut er lieber 20-mal daneben, bevor er sich als «sexuell unwissend» outet. Das passt nicht in sein Selbstbild vom Superlover, der längst weiß, wie er Frauen im Bett glücklich macht. Korrigiert sie dieses leicht irrige Selbstbild durch mehr oder weniger dezente Hinweise, fühlt er sich herb kritisiert, zumal wenn herauskommt, dass er's bisher nicht richtig gemacht hat (dann lieber der Status quo: Wenn sie nix sagt, wird sie schon zufrieden sein!). Aus all diesen Gründen halten wir Frauen uns lieber bedeckt. Aus Rücksichtnahme auf das mimosenhafte männliche Ego. Nur unseren Freundinnen erzählen wir alles: «…haha, meiner hält seinen Pimmel auch für das Maß aller Dinge… wenn er wenigstens damit umgehen könnte…!» usw.

Allerdings hängt die Übermittlung sexueller Ge- und Unlüste auch ab von A) der Dauer und Art der Beziehung: je inniger und stabiler, desto eher kann man sich trauen, auch diffizile Themen auszusprechen;

B) von Alter und Selbstbewusstsein… Ich selber traute mich bis Mitte 20 nicht. Erstens hatte ich keine Sprache dafür (ich wusste ja nicht mal, wie ich meine Intimteile benennen sollte!). Zweitens hatte ich Schiss, als abartig, sexgeil, zu versiert etc.pp. dazustehen, falls ich so was sagen würde wie: «Kannst du's mir mal so richtig von hinten besorgen?» Drittens: Hätte er dann auch noch gelacht oder eine blöde Bemerkung gemacht, wäre ich wieder mal reif gewesen für die Frauengruppe (Abteilung «Kränkungen überwinden, Ich stärken»).

Gut, vieles kann man seinem Partner ja auch indirekt stecken. Durch Körpersprache, deutliche Lautäußerungen (seufzen, stöhnen, wehklagen) oder auch Bekundungen des Wohlgefallens, falls er doch mal was richtig macht. Funktioniert aber auch nicht immer. Zum Beispiel mein Ex Daniel, ein Jüngelchen mit einem gigantischen Mutterkomplex, fasste mich «da unten» nie richtig an – aus Unsicherheit, dachte ich anfangs. Also führte ich seine Hand. Er zog sie weg! Ab da mieden seine Finger meine Bikinizone wie ein Minengebiet. Jeder Wink mit dem Gartentor à la «per Oralverkehr komme ich am schnellsten» ignorierte er standhaft. Ich vermutete schließlich, er ekle sich vor meinem, äh… *Mösen-*

schleim, und verkniff mir fortan sämtliche Kundgebungen. Aber da er viel seltener wollte als ich, wagte ich ohnehin kaum Ansprüche zu stellen. Sonst hätte er womöglich noch seltener gewollt. Zudem befürchtete ich, er könnte mich entsorgen, wenn es ihm zu mühsam würde, mich zufrieden zu stellen. Aus Frust nahm ich vier Kilo zu, was ganz schön viel ist für die läppischen fünf Monate, die ich's mit ihm aushielt.

Summa summarum ist die Frau im Bett lange nicht so mitteilsam wie andernorts, aber sie weiß es sehr zu schätzen, wenn ihr Hase ab und an nachhakt. Denn das signalisiert, dass es ihn auch mal interessiert, wie es ihr unter ihm ergeht, und gibt ihr freie Bahn, ihm Dinge zu offenbaren wie «Bei einer Frequenz von zwei Stößen pro Sekunde komme ich leichter» oder «Tu ihn halb rein, leg gleichzeitig zwei Finger auf meine Klit und nuckle am rechten Nippel ...». Andererseits fühlt es sich meist nicht mehr gut an, wenn er solche Bedienungsanleitungen befolgt. Darum ist es auch uns Frauen am liebsten, wenn wir erst mal nicht reden müssen. Kaum etwas killt die Erotik so zuverlässig wie zu viel Gequatsche. Männer finden es erregend, wenn die Geliebte immer ein wenig «geheimnisvoll» bleibt. Frauen finden es erregend, wenn der Mann ein bisschen suchen muss. Allerdings nur dann, wenn er es feinfühlig macht. Nichts ist abtörnender als ein taubblinder Grobmotoriker, der trotz Fingerzeigen, Pantomime und allerlei Tönen zielgenau danebengrapscht.

Einer in der eingangs erwähnten Biergarten-Runde wollte wissen: «Und was hab *ich* davon, wenn ich weiß, was die Frau will?» Tja – fragen wir mal so: Was passiert, wenn's einer nie wissen will? Die meisten Frauen werden kaum mehr als ein bis drei Nächte mit ihm verbringen. Sollte doch mal eine längerfristig an ihm hängen bleiben (bestimmt nicht wegen des Sex!), wird sie die Laken platt liegen wie eine tote Leiche, und wenn er sie fragt: «Wie war ich, Schatz?», kriegt sie glasige Augen. Stumm wie ein Fisch lässt sie ihn einfach machen und zieht hinterher einen Flunsch. Oder wirft ihm irgendwann im Streit vor, er hätte ja noch nicht mal gemerkt, dass sie nie auch nur annähernd einen Orgasmus hatte. Null. Nada. Versager.

Dagegen eine Frau, die ihre Plaisierchen frei äußern kann und überwiegend auch erfüllt kriegt: Sie lässt ihn wesentlich öfter als einmal im Monat ran, ergreift gern mal den Steuerknüppel und ist geneigter, auch seine Wünsche zu erfüllen. Etwa Reinstecken ohne Heavy Petting.

Dirty Talk | Bettgeflüster

Sich beim Sex süße Sachen oder kleine Schweinereien zuzugrunzen macht an. Aber nur unter bestimmten Voraussetzungen, warnt Catherine.

Diese wollüstigen oder wilden Worte, die einem in der Leidenschaft entfleuchen: Richtig angebracht und vorgetragen, haben sie was herrlich Verruchtes, befreien, enthemmen – die Fahrkarte zum Sich-so-richtig-gehen-Lassen. Zwei von drei Leuten finden erotisches Bettgeflüster durchaus erregend. Das bemerkte der römische Dichter Ovid schon vor rund 2000 Jahren: «Ein schmutziges Wort ist das mächtigste aller Aphrodisiaka, vorausgesetzt, es wird richtig gesetzt und fein dosiert verabreicht.» Und da liegt der Hase im Pfeffer: Es ist eine heikle Gratwanderung. Deshalb setzen's nur halb so viele in die Tat um. Immerhin heizt jede dritte Frau ihrem Hasen gelegentlich damit ein, und die Männer hätten gern noch mehr davon, gibt es ihnen doch ein prima feedback, ob's und was ihr gefällt. Hierzu Dirtytalker Ovid: «Wonnige Laute, Bekenntnisse des Lustrauschs, will ich von ihr hören. Flehen soll sie: Du, du! Bleib in mir, hör noch nicht auf!»

Auch Frauen sind dafür zugänglich, denn das stimuliert vor allem unser größtes Sexualorgan, nämlich das zwischen den Ohren. Unsereins braucht ja zusätzlich zur körperlichen Erregung noch die, die über den Kopf läuft, um richtig in Fahrt zu kommen. Aber die Männer sind leider maulfauler als wir. Warum? Weil sie wissen, dass Frauen sexuell mehr Zartgefühl haben. Ein falsches Wort, und der Ofen ist aus: Unsere Libidokurve fällt wieder gen null.

Einer meiner Exfreunde war ein Meister des Dirty Talk. Seine Sprüche waren immer einen Zacken schärfer als meine, was mir erlaubte, meiner Zunge freien Lauf zu lassen. Noch nie war ich bei einem Mann so vorwitzig ... Kurzum, wenn Sie mehr Bettgeflüster von uns haben wollen, müssen Sie mit gutem Beispiel vorangehen. Aber bitte behutsam! Nur ein *Zäckchen* schärfer als die Frau!

Ach – Sie gehören ohnehin eher zur Spezies der Schweiger? Dann tasten Sie sich heran. Vorstufe: überhaupt erst mal Töne produzieren. Manche Männer machen nämlich keinen Mucks. Da gibt es so eine herrliche Szene in dem Film «Frankie und Johnny»: Johnny, der Ex-Knacki, hat im Knast gelernt, beim (Solo-)Sex lautlos zu sein. Sein erster Aufriss findet das sehr irritierend, vor allem, da sie weder merkt, ob's ihm mit ihr behagt, noch, wann er gekommen ist. Seine zweite Bettgefährtin, Frankie (die das von der ersten erfährt), bringt ihn dazu, seiner Lust Ausdruck zu verleihen, und findet es klasse, als es aus ihm herausbricht. Sprich: Stöhnen, Seufzen, Ächzen sind allgemein erwünscht. Das Kamasutra fordert es sogar: «Auf geschickte und erregende Bemühungen des Partners sollte man stets mit Liebeslauten oder Lustschreien reagieren.» Allerdings: Zu lautes Brüllen kann etwas befremdlich wirken ...

Nächste Stufe: einzelne Worte («schön», «guuut», «ja», «oh Gott»). Dann kleine Sätze: «Das ist geil» etc. Kommt's allzu schwer über die Lippen: erst mal beim Onanieren üben – bloß vielleicht nicht gerade im Betriebsklo. Allmählich werden dann auch komplexere Äußerungen glatt von den Lippen kommen. Nun gilt es: bedächtiger Einsatz!

Der Kardinalfehler: Falsches Timing. Ich finde es schrecklich, wenn mich einer mehr oder weniger aus heiterem Himmel überfällt mit: «Jetzt besorg ich's dir so richtig!» Klar: Im Rausch der Ekstase können Worte, für die wir uns nüchtern schämen würden, elektrisierend wirken. Aber wenn wir eben noch nicht da sind: 1A-Lustkiller! Oder Ankündigungen, was er vorhat («Ich will ihn dir reinstecken» o. Ä.) – sehr stimulierend, wenn sich unser Intimbereich schon erwartungsvoll befeuchtet. Vorher kaum. Ebenso kommt «Ich spritz dich voll» bestenfalls kurz vorm beiderseitigen Exitus gut. Ist sie noch weit davon entfernt oder schon längst gekommen: grässlich. Man muss zart und liebevoll anfangen und sich dann vorsichtig steigern – je nachdem, ob die Partnerin mitgeht.

Fauxpas Nr. 2: zu vulgär. Frauen sprechen im Allgemeinen (und meist auch im Bett) eine andere Sprache als die, die in gewissen Videos oder unter Stammtischbrüdern üblich sein mag. Ein Mann tut gut daran, seine Geilheit zu zügeln und die Porno-Akustik vorerst durch Worte der Liebe zu ersetzen.

Bettgeflüster macht frau *immer* an, wenn es ihr zeigt, dass sie begehrt wird und eine Bombe im Bett ist. Sprich: «Du bist so sexy/lecker», «Ich hab so eine Lust auf dich», «Ich bin ganz gierig nach dir», «Du turnst mich so an», «Oh Süße, du machst's mir so gut!» Oder wenn's Behagen ausdrückt: «Ich schlafe so gern mit dir», beziehungsweise, falls sie nicht prüde ist, «Mein Schwanz fühlt sich so wohl in dir».

Wenn Sie dann übergehen zum härteren Kaliber, bitte in kleinen Häppchen, und warten Sie ab, ob sie drauf einsteigt. Das können Sie hören und/oder sehen, darum kann ein wenig Licht nicht schaden ...

Übrigens, auch der Ton macht die Musik. Bringen Sie's gefühlig rüber: mit weicher Stimme, zärtlichem Raunen, gedämpfter Lautstärke.

Fehler Nr. 3: sie dazu nötigen («Sag mir schweinische Sachen!»). Versuchen Sie auch nicht, Gedanken zu lesen, und wenn Sie noch so gern hören wollen, was für ein Prachtlover mit Prachtständer Sie sind: «Sag mir, wie scharf du auf mich bist. Deine Muschi ist ganz heiß auf meinen Prügel.» So etwas kommt von selbst oder gar nicht. Sie können ihr höchstens mal beim intimen Plausch gestehen, dass Sie's schön fänden, wenn sie sich öfter derartig auslassen würde.

Entgleisung Nr. 4: Degradierungen. Sicher erinnern Sie sich an diese Verbalerotikerin in Thomas Manns Roman «Felix Krull», die vom Helden verlangt: « … nenne mich Hure … Lass mich meine Erniedrigung so recht im Worte kosten …» Nun, verehrter Bücherfreund, das mag in der Literatur funktionieren – im wahren Leben aber stehen selbst in der wildesten Paarungsphase die wenigsten auf Beschimpfungen wie «Du Schlampe, dich knöpf ich mir vor», «Du geiles Stück, du Sau». Tendenziell abtörnend ist im Prinzip alles, was abwertend klingt, egal, ob auf die Frau, ihren Körper oder den Akt bezogen: Fotze, Loch, Büchse, Titten, Möpse, rammeln, knallen, nageln, reinrotzen …, «mach die Beine breit» etc.pp.

Fehlgriff Nr. 5: Brutales à la «Ich reiß dir den Arsch auf», «Jetzt spalt ich deine Möse», «Ich ramm dir meine Lanze bis zum Hals». Grauenvoll. Würde er sie lieber vergewaltigen? Die Frau erstarrt zur Salzsäule oder hat einen spontanen Fluchtimpuls.

Bock Nr. 6: Unpassendes. Zum Beispiel heftiger Dirty Talk beim Blümchen-Kuschel-Sex: Sie hofft auf ein schmelzendes «Ich will in dich reinkriechen», er röhrt: «Jaaa … ffiiickenn!!!» Lächerlich wäre zum Beispiel die Frage: «Spürst du meinen Riesen-Rammbock?!», wenn er nur spärlich ausgestattet ist. Die Lachsalven ihrerseits werden ihn noch kleiner schrumpfen lassen. Peinlich könnten auch allzu poetische Ergüsse rüberkommen. Oder Geschauspielertes. Etwa aufgesetzte Ekstase oder fremdländische Akzente.

Schnitzer Nr. 7: Immer dasselbe. Wenn Sie nur ein Standardrepertoire von, sagen wir mal, sieben Phrasen haben, nützt sich das ziemlich bald ab und wirkt dann, als wollten Sie sie als magisches Sesam-öffne-Dich benutzen. Bisschen Einfallsreichtum müssen Sie schon zeigen, wenn Sie Worte als Büchsenöffner einsetzen …

AUSZIEHEN | Mach dich frei

Wie man sich erotisch oder immerhin würdevoll seiner Textilien entledigt, beschreibt Catherine.

Was ich an einer neuen Beziehung immer sehr mag, ist, dass man sich dauernd gegenseitig auszieht. Forschende Hände tasten sich unter die Kleidung, legen Stück für Stück meiner Haut bloß, streicheln sie, der Mund erkundet, wie sie schmeckt, er küsst und kost sie, saugt daran. Und ich fühle schon voller Vorfreude die Beule in seiner Hose und lasse sie Knopf für Knopf ins Freie … Bloß: Sobald ein wenig Routine eingekehrt ist, geht man abends nacheinander ins Bad und schlüpft im Schlafanzug oder Schlabbershirt unter die Decke, und da kann dann was passieren oder zunehmend auch nicht. Schade, oder? Aber egal, ob Sie Neuland betreten oder nicht – ob der Akt des Entkleidens sexförderlich ist, hängt von ein paar entscheidenden Faktoren ab …

Zuerst mal: Gleißendes Licht erinnert uns an Umkleidekabinen, die uns gnadenlos Dellen, aschfahle Haut und hängende Körperpartien vor Augen halten. Und das betrifft ja nicht nur den Körper der Frau. Beim Manne sind zu alledem auch noch dunkle Haare drauf. Schmeichel-Beleuchtung ist gefragt!

Zweitens, ein reibungsloser Ablauf. Minutenlanges Gezerre und Genestle kann dem süßesten Begehren einen Knick verpassen, vor allem in Verbindung mit blöden Kommentaren. Hosen oder Gürtel mit komplizierten Verschlüssen, Hemden mit trotzigen Knöpfen, Kleidungsstücke mit hakenden Reißverschlüssen sind zu meiden, wenn ein Nümmerchen anstehen könnte.

Apropos Verschlüsse: Ich weiß nicht, wieso so viele Männer Probleme mit dem BH haben. Das Prinzip ist ja immer das gleiche: Häkchen und Ösen. Ich hatte erst einen Liebhaber, der so was (einhändig!) zack-zack aufmachen konnte. Mein Tipp an ungeschickte BH-Nestler: Klauen Sie Ihrer Freundin einen, spannen Sie ihn über einen Stuhl o. Ä., und üben Sie.

Was ich persönlich hasse, ist, wenn einer den BH gar nicht öffnet, sondern nur eine Brust rausholt, oder ihn hochschiebt, sodass darunter so ein Busenwulst rausgequetscht wird, und das dann so lässt, während er sich anderweitig zu schaffen macht. Merke: Beim Ausziehen ist stets darauf zu achten, dass die Frau *niemals* entstellt aussieht oder sich so fühlt! Sollte sie zum Beispiel unvorbereitetermaßen ihre ollste Unterwäsche anhaben, so befreie mann sie rasch und dezent davon. Schöne Dessous hingegen bedürfen spezieller Würdigung (extra für Sie übergestreift!) und können gern auch mal bis zum Schluss dabeibleiben. Ein vorwitziger Ständer, der sich am Höschen vorbei in die Höhle schummelt, ist ziemlich geil!

Überhaupt muss man ja nicht immer alles ablegen. Nimmt mich einer halb bekleidet, zeugt das von heißem Verlangen – das macht an! Oder wenn er nur Teile freilegt, die er dann erst mal bearbeitet. Mein aktueller Lustknabe tut das gern mit meinem Po, während ich gerade beide Hände voll zu tun habe. Kommt nicht immer gelegen, aber doch irgendwie gut. Oder auch, wenn er mir mein Oberteil über die Schultern schiebt und flink die Ärmel verknotet – ein Lust-Zwangsjäckchen –, um ungehindert südwärts fortzufahren: schmacht!

Was das Tempo betrifft, sollte es dem gegenwärtigen Liebesspiel entsprechen. Hat ein Kerl mich erst eine Stunde lang abgebusselt und will mich dann in zehn Sekunden nackig haben, kommt meine Muschi gar nicht mehr nach. Ebenso wenig gefällt es mir, wenn er sich gleich alles vom Leibe reißt, statt mir Gelegenheit zu geben, ihn auszupacken, oder mich drum zu bitten – das ist sexy!

Aber falls Sie sich mal selber entblättern, so bedenken Sie: Kaum etwas sieht kläglicher aus als ein Mann in Socken und Unterhose.

Nicht viel besser: Wenn er nur noch das Shirt anhat und der Pillermann baumelt unten raus. Das erinnert an den Hosenmatz im Sandkasten. Hier die perfekte Reihenfolge: Schuhe, Jacke/Sakko, Socken, Hemd und Unterhemd und dann erst das Beinkleid.

Auch beim Entkleiden der Dame gilt: Socken bzw. Strümpfe zuerst. Kaum eine Frau bietet nackt in Strumpfhosen einen tollen Anblick, zumindest in ihren eigenen Augen, weil sie sich darin wie eine Presswurst in Nylon fühlt. Ähnlich Seiden-Kniestrümpfe: Die sind nicht für die Zur-Schau-Stellung gedacht. Diese schenkelhohen Teile hingegen, mit oder ohne Straps, können, ebenso wie die Schuhe, dranbleiben. Ob sie das dann lasziv auszieht oder bis zum Finale anbehält, können Sie ihr überlassen.

Noch eins: Nötigen Sie Ihre Partnerin nie zum Striptease. Sie wird schon ihre Gründe haben, warum sie's nicht von selber tut. Ohne das nötige Können und Equipment (scharfe Fummel mit Klettverschlüssen etc.) gerät so was schnell zur Slapstick-Nummer, wenn sie versucht, möglichst grazil aus ihren Strumpfhosen zu steigen, und sich darin verheddert oder auch im Slip. Desgleichen gilt auch für Sie. Die männlichen Amateur-Strips, die man manchmal im Fernsehen dargeboten bekommt, gehören zu den entwürdigendsten Zeugnissen der Menschheit. Wenn sich da einer hinstellt und eine Show abzieht, sollte er nicht nur einen Prachtkörper haben, sondern auch den Rahmen: ein aufgekratztes, johlendes Publikum. Und selbst dann wirkt es meistens nur albern.

Allerdings kann sich auch ein Mann durchaus sexy ausziehen, ohne ein paar Meter entfernt von mir seine Lenden zu aufpeitschenden Rhythmen zucken zu lassen. Knöpft er mit ruhiger Hand sein Hemd auf und sieht mir dabei lächelnd in die Augen mit diesem Blick, der sagt: «Baby, jetzt bist du dran» – wow! Er kann's auch mit Humor gestalten, etwa Socken und Shirt lässig über die Schulter werfen. Oder versuchen, seine Unterhose vor der Hose auszuziehen. Das wird mich zwar mehr zum Lachen als zum Vibrieren bringen, aber Lachen ist erotisch. Die Gepflogenheit eines meiner Exfreunde, sich dabei seinen oder meinen Slip über den Kopf zu ziehen, ist jedoch weniger nachahmenswert. Dann soll er mich lieber auffordern, seine Boxers mit den Zähnen abzustreifen. Das macht garantiert schon mal ihn startklar.

BELEUCHTUNG | Licht aus – Spot an!

Ob eine Frau Lust hat, ob sie sich so richtig gehen lässt, ob sie kommt – das hängt nicht zuletzt von der Beleuchtung ab, findet Catherine.

Männer wollen beim Sex was sehen: liebliche Täler und Hügel, einen Hauch von Textil, weibliche Details – plus sich und ihren Zauberstab in Action. Drum würden viele am liebsten ihr Schlafzimmer ausleuchten und mit Spiegeln ausstatten – das Auge poppt mit. Aber sobald es zur Sache geht, verschwindet so manches Anschauungsobjekt flugs unter der Bettdecke. Nur noch das Köpfchen und ein langer Arm gucken heraus – der zum Lichtschalter.

Tja: Neun von zehn deutschen Frauen zwischen 18 und 30 genieren sich nackt, ergab eine große aktuelle Umfrage. Die Hitliste der Körperkomplexe: Busen (87%), Po (71%), Bauch (54%), Oberschenkel (48%), Beine (23%). Und über 70% halten sich für zu dick!

Kein Wunder: Uns Frauen wird von klein auf eingeredet, wie wichtig Attraktivität ist. Medien und Werbung geben uns das Ideal vor und was wir dafür tun müssen. Wir wissen, dass wir zuerst und vor allem über unser Äußeres beurteilt werden – und dass Männer Augentiere sind. Je schöner das Weibchen, desto heftiger wird es begehrt und geliebt. Und wie wir die Männer um ihre körperliche Unbekümmertheit beneiden! Selbst mit Spargel-Ärmchen, Hühnerbrust und Biafra-Bauch rennen sie vom ersten Tag an pudelnackig durch die Wohnung, während wir unsere vermeintlichen Defizite zu verbergen suchen.

Gerade beim Sex denkt so manche Maid an ihre Problemzonen: wenn sie ihn reitet, ihr Baumelbusen; wenn sie beim Missionar die Beine anzieht, ihre Schwabbelschenkel und Bauchröllchen; à tergo ihr Pummelpo mit dem Pickel drauf. Und das *muss* ihn ja davon abhalten, die Dame in diesem Moment und auch fürderhin zu begehren! Was meinen Sie, warum Frauen so gern auf dem Rücken liegen, die Beine nur sanft angewinkelt? Nicht etwa aus Faulheit. So hängt die Brust nicht, der Bauch ist flach, der Po verdeckt, der Oberschenkelspeck sackt nach unten und lässt die Beine schlanker wirken.

Also setzen Sie eine neue Flamme nicht gleich Ihren Scheinwerfern und der Videokamera aus. Konditionieren Sie sie ganz langsam auf mehr Licht. Versichern Sie ihr unablässig, dass sie von Kopf bis Fuß der Heuler ist. Besonders von hinten oder auch als Reiterin. Und erklären Sie ihr, ein Mann konzentriere sich beim Sex auf das Wesentliche («FIIICKENNN!!!»); und wenn das Programm «Vögeln voraus» erst einmal läuft, sehe er ohnehin nur noch das, was seiner Lust dienlich ist.

Aber die meisten Frauen wollen ja ohnehin gar nicht die *komplette Finsternis* … wobei auch das seine Reize haben kann, weil der Haupt-Sinn ausgeschaltet ist: Man fühlt, riecht, hört intensiver. Und kann sich besser was vorstellen: «Oh ja, Brad, nimm mich …!»

Äh, ich schweife ab. Der wichtigste Grund, warum wir's gern dunkler haben, ist «Stimmung». Grelle Helle ist ernüchternd nah an der Realität. «Was ist das bloß für ein Fleck da oben? Man könnte hier mal wieder streichen. Vielleicht hellblau? Aber dann passt der Teppich nicht mehr …» Wir wollen's schummerig, damit wir in eine andere Welt abtauchen können und nicht abgelenkt sind durch Alltagskram, voyeuristische Nachbarn oder die Sorge, wie wir uns figurfreundlich drapieren.

Dazu kommt: Wir finden sexuelle Handlungen und Attribute im Rampenlicht nicht immer anturnend. Zum Beispiel dieser Carsten neulich; eigentlich ein schöner Mann, doch leider hatte er öfters seine Mimik nicht unter Kontrolle. So auch beim Beischlaf: verzerrte Züge, offener Mund, völlig entrückter, leicht irrer Blick. Sobald ich die Augen aufschlug, hatte ich den Eindruck, mit einem Debilen zu schlafen. Das brachte mich total runter.

Ein anderer Liebhaber hatte ein Akneproblem. Ich sage Ihnen:

Es ist gar nicht so leicht, sich auf Lustvolles zu besinnen, während man weiße Gipfelchen mit Eruptionspotenzial vor sich hat! Desgleichen können uns Rücken- und Schultertoupets, schlechte Zähne, ein «Bierbusen», Speichelfäden und anderes Beiwerk, was so manchen Mann ziert, ziemlich aus dem Konzept bringen.

Auch Fortpflanzungsorgane hauen uns optisch nicht gerade vom Hocker. Ein schöner Schwanz ist schon was Schönes, aber leider ist die Mehrzahl eben nicht sonderlich schön. Und unser eigenes Gekröse erst ...! Oder um's mit dem «Kleinen Arschloch» zu sagen: «Ein Ellenbogen z.B. kann von makelloser Schönheit sein – er wird niemals ein solches Hallo verursachen wie ein Penis oder eine Vagina, obwohl diese bei objektiver Betrachtung aussehen wie radioaktives Gemüse aus dem Weltall. Es wird wohl ein ewiges Geheimnis bleiben, wieso die Geschlechtsteile nicht die Erscheinungsform von etwas haben, was das Auge erfreut, etwa die eines Alpenveilchens oder einer mundgeblasenen Vase aus dem Harz.»

Mein Tipp: Falls Sie's im Hellen tun wollen, verbinden Sie ihr die Augen. Scherz beiseite ... Gerade Tageslicht ist gnadenlos, das sollten Sie Ihrer Nymphe nicht antun. Optimal wären hierfür dicke Vorhänge, die nur ein bisschen Licht durchlassen (möglichst nicht in Grün, das ergibt einen ungesunden Teint!), ersatzweise auch schräg gestellte Jalousien.

Und wenn's draußen dunkelt? Kerzen. Die sind ideal für Frauen, denn sie geben warmen Schmeichel-Schimmer und haben was Mystisches. Am besten, Sie erhellen Ihre Wohnung ausschließlich damit. Klasse sind mehrere kleine Akzente, etwa Teelichter. Sollte nur nicht allzu gezielt aussehen, so nach «Wenn Lichtlein brennen, will ich mit dir pennen»!

Alternativ geht auch ein Lämpchen in der Ecke, das Sie vom Bett aus dimmen können (zur Not auch ein rotes Tuch darüber). Denn die Lichtquelle sollte nicht zu nah am Tatort stehen – und schon gar nicht von unten kommen: Man sieht aus wie ein Zombie, und die Cellulite-Dellen treten plastisch hervor.

Der Hit bei Frauen ist natürlich Mondenschein. Achten Sie mal drauf, wann Vollmond ist, löschen Sie dann alle Lampen, öffnen Sie Vorhänge und Jalousien. Wie wär's mit einem Akt am Fenster? Sie beide sehen alles, aber die draußen erkennen höchstens Andeutungen …

Sexphantasien | Kopfkino

Je heftiger die Sexphantasien einer Frau, desto mehr Lust und Orgasmen hat sie. Aber kommt es noch besser, wenn sie ihre Hirngespinste mitteilt? Oder gar umsetzt? Catherine zweifelt …

Bo Derek wird von Wilden gefangen genommen und soll dem Häuptling «geopfert» werden. Dazu bindet man sie auf einem Podest mitten im Dorf fest. Vor allen Leuten wird ihre Scham rasiert, ihr Körper von Frauen bemalt – mit den Brüsten geben sie sich besondere Mühe. Sie wird gegen ihren Willen erregt. Der Chef steht daneben und reibt seinen Penis. Er ist riesig! Da er nicht ohne weiteres in Bo hineinpassen wird, wird sie von einem kleiner bestückten Stammesmitglied «vorbereitet». Währenddessen sieht sie die wachsende Erektion des Häuptlings, ist zugleich ängstlich und geil. Als ihr der Kleinere den ersten Orgasmus verschafft hat, übernimmt der Häuptling, und sie kommt nochmal …

Das habe ich mir gestern beim Akt mit Tim vorgestellt – unter anderem. Ich besitze ein breites Repertoire an Filmchen, von denen ich einige kurz anscanne, bevor ich an einem hängen bleibe, das mich gerade anmacht und dann im Geiste schön ausgemalt wird.

Wie die meisten Frauen bemühe ich oft mein privates Eros-Kopfkino, um mich erregungstechnisch hochzupushen. Und zwar nicht nur beim Sex mit mir selbst, sondern auch zu zweit. Es mag nicht besonders schmeichelhaft für meinen jeweiligen Beischläfer sein, dass ich, während er sich mit mir abmüht, in Gedanken woanders bin, doch gerade für den Gipfelsturm ist es oft unabdingbar. In der Sexualforschung ist ja längst bekannt, dass Frauen nicht nur häufiger, sondern auch variationsreicher und ausgefallener phantasieren – einfach deswegen, weil wir im Allgemeinen nun mal schwerer auf Touren kommen als Männer.

Sie wollen nun wissen, ob Sie die Lust Ihrer Partnerin – und auch Ihre eigene Lust – ankurbeln können, indem Sie ihr entlocken, was sich gerade in ihrem Hirn abspielt. Aber könnten Sie es auch verkraften, dass Ihre Liebste keineswegs Detailaufnahmen vom Beischlaf mit Ihnen visualisiert, sondern einen anderen Mann oder mehrere gleichzeitig, alle mit prachtvollen Körpern und Gemächten? Würden Sie nicht unwillkürlich denken: «Genüge ich ihr nicht?» Und selbst wenn dem nicht so ist, weil Sie wissen, dass es sich keineswegs um ihre reellen Bedürfnisse handelt (!), ist das Ausplaudern nicht immer produktiv. Ich ließ mich einmal dazu überreden, eine meiner Lieblingsszenen zu verraten:

Irgendwo in Südamerika werde ich – wegen Verdacht des Schmuggels – gefilzt. Der breitschultrige uniformierte Beamte nimmt mich mit in ein Nebenzimmer und tastet mich ab. Unter dem Vorwand, nach Drogenpäckchen zu suchen, fasst er mir ins Shirt, an die Scham, in alle Körperöffnungen. Zur näheren Untersuchung zieht er mir die Hose aus, legt meinen Oberkörper über den Tisch. Es ist beängstigend und aufregend zugleich, so exponiert zu sein. Ehe ich mich's versehe, ist er in mir drin …

In den folgenden Wochen versuchte mein Lakengenosse einige Male, diese Enthüllung zu nutzen, um uns beide in Fahrt zu bringen. Er raunte mir schweratmig ins Ohr: «Na, wo hast du deine Schmuggelware?», und tat so, als suche er danach. Spätestens wenn er mich eingehend «untersuchen» wollte, brach ich ab. Meine Konstruktion in seiner Auslegung war nicht mehr so, wie sie mich anheizte. Und sie bekam so etwas Banales, fast Lächerliches. Ich musste ihn schließlich bitten, es zu lassen.

Schon wenn ich Phantasien nur mitteile, ohne dass mein Hase etwas damit macht, funktionieren sie danach oft nicht mehr. Das obszöne Geheimnis, das sie so erregend machte, ist kein Geheimnis mehr. Außerdem denke ich dann, er weiß in bestimmten Momenten, was gerade vor meinem inneren Auge abläuft. Er wird zum unsichtbaren Dritten in meinem Privatfilm – das stört.

Fazit: Bedrängen Sie Ihre Partnerin nie, ihre intimen Revuen preiszugeben. Und sollte sie es einmal aus freien Stücken tun, verkneifen Sie sich jegliche Kritik, Analyse, Witze, wertende Kommentare.

Um es hier ein für alle Mal klarzustellen: Die Sexphantasien von Frauen sind nicht dasselbe wie ihre Sexwünsche, obwohl das von Männern nur allzu oft verwechselt wird. Die meisten dieser feuchten Träumereien wollen keineswegs realisiert werden – jedenfalls nicht von Seiten der Träumerin. Zum einen sind die Szenen zu hart (zum Beispiel Spiele mit Geräten oder «Natursekt», Sexsklavin sein, gnadenlos genommen werden), zum anderen machen sie Angst (Orgien, Sex mit Fremden, Fesselungen etc.), würden in der Realität wehtun (wie SM, Vergewaltigung, Analverkehr), sind nicht umsetzbar (Akte mit Tieren/Prominenten/Gesichtslosen/exotischen Inszenierungen) oder beziehen uns nur als Voyeurinnen mit ein (etwa Schwulen- oder Prostituiertensex, Sequenzen aus Pornos oder auch meine Bo-Derek-Story).

Ich habe einige Male versucht, Teile meiner Phantasien wahrzumachen. Leider funktioniert das selten, denn in der Realität sind sie nie so gut wie im Kopf. Dort bin ich meine eigene Regisseurin, kann das Geschehen ganz nach meiner Laune und Lust steuern, die Akteure tun immer genau das, was mich anmacht, es gibt keinen Zwang, keine Schmerzen, keine ernüchternde Umgebung.

Zum Beispiel war ich letztes Jahr einmal in einem Swingerclub. Vorher hatte ich immer ein Gewühl von erotischen nackten Leibern imaginiert, die sich im Schummerlicht kreuz und quer vergnügen, Ekstase, ich mittendrin spüre fremde Hände und Münder …

Tatsächlich war's dann so: Überwiegend unattraktive Menschen mit unsexy Körpern, fiese Musik, billiges Ambiente, leider alles und alle zu gut beleuchtet, um darüber hinwegzusehen, Gerüche, die mich eher abtörnten, Blicke und Berührungen, die ich nicht auf mir haben wollte. Ich mochte noch nicht einmal mit meinem Begleiter Spaß haben, schon aus Ernüchterung, und weil ich befürchtete, dass sich dann einer dieser schnauzbärtigen Schmerbäuche einmischen könnte.

Wenn Sie also unbedingt eine der Phantasien Ihrer Süßen in die Tat umsetzen wollen, dann müssen sie ihr die komplette Regie überlassen, sich vorher gut einweisen lassen und Ihre Rolle umsichtig spielen …

Doch es geht gar nicht so sehr darum, das Hirngespinst detailgetreu zu verwirklichen, sondern das dahinter stehende Motiv zu entschlüsseln. Das können Sie dann gelegentlich in Ihr Liebesleben einbauen oder zusammen eine entsprechende Geschichte aushecken, die man dann weiterspinnt – verbal oder tätlich. Es klappt allerdings nur, wenn beide viel Einbildungskraft haben, sexuell auf einer Wellenlänge sind und die Atmosphäre stimmt.

Das Leitmotiv meiner beiden Phantasien verrät sich in ihrer Gemeinsamkeit: Die weibliche Akteurin wird gegen ihren Willen zu sexuellen Handlungen genötigt. Sehr viele Frauen bauen ihre Skripte darauf auf, selbst «unverschämte» wie ich. Die Nötigung bewirkt, dass wir schmutzige Aktionen genießen können ohne die Schuldgefühle, die aus unserer Kindheit noch im Hinterkopf lauern. Wir werden sozusagen zu unserem «Glück» gezwungen, wobei Glück durchaus wörtlich zu verstehen ist, denn der Bezwinger tut nur Dinge, die uns gefallen. Wir bekommen im Lauf unserer Sexualisierung so viele Schranken auferlegt (eine Frau ist nicht animalisch/obszön/gierig), dass wir auf kreative und oft komplexe Weise Szenerien erfinden, die uns erlauben, hemmungslos unseren Gelüsten zu frönen.

Ein Liebhaber, dem es gelingt, meine tief verborgenen Lust-Mechanismen auszumachen und ein passendes Drehbuch für unser Tête-à-Tête zu schaffen, kann die schärfsten Sachen aus mir rausholen – verbal und real …

Klammheimlich ist die Lust Ihrer Partnerin eingeschlafen. Wie Sie sie wieder wecken, sagt Ihnen Catherine.

«Meine Partnerin ist leider etwas lustlos geworden», schreibt einer meiner Leser, «obwohl die Beziehung sonst gut und unser Liebesleben befriedigend ist. Haben Sie nicht ein paar schnelle Kniffe, wie ich sie wieder auf Touren bringen kann?»

Ich schätze, er als viel beschäftigter Mann will nicht für jeden Quickie ein Mordsbrimborium veranstalten. Darum hätte er gerne so eine Art Lustturbo, etwa «Wollusttropfen», die er ihr in ihre Baileys-Flasche schummeln kann, oder ein Sexparfüm, das sie unbewusst heiß macht. Vielleicht will er auch von mir hören: «Legen Sie das Video ‹Bumsparade 5› ein, das animiert auch Frauen», «Flüstern Sie ihr versaute Sachen ins Ohr, und zwar …», oder «Kaufen Sie ihr einen Vibrator, der sie tagsüber schon mal in Stimmung bringt». Aber seine Frau wäre keine Frau, wenn sie es ihm so leicht machen würde. Mittelchen und Wässerchen aus dem Sexshop sind rausgeworfenes Geld, und die anderen Sachen schärfen meist nur Mädels, die bereits (oder immer) lustvoll sind, noch einen Zacken mehr an.

Nun, bevor er sich eine Kollektion Gummimuschis zulegt oder sein bestes Stück in ein Staubsaugerrohr steckt, winke ich ihm mit dem Gartentor: Die Frau an sich ist eben kein Mofa, das nach ein paar Handgriffen anspringt.

Wenn eine Frau ihrem Partner sexuell nicht mehr allzu viel geben mag, ist das oft eine unterbewusste Reaktion darauf, dass er ihr nicht mehr allzu viel gibt – Zärtlichkeit, Zuwendung, Anerkennung, Unterstützung … Ach, Sie haben keine Lust, nett zu ihr zu sein, solange sie im Bett so geizig ist? Vielleicht ist sie ja so geizig, weil Sie im Alltag nicht nett genug zu ihr sind. Seien sie der Klügere, und geben Sie nach.

Und: Nehmen Sie ihr Lasten ab. Wie soll die Gute auf Erotik umpolen, wenn ihr ganzer Tag nur aus Mühsal und Unbill besteht? Nehmen Sie ruhig auch mal die Spül- oder Klobürste in die Hand, oder noch besser: Spendieren Sie ihr so oft wie möglich ein Kindermädchen und eine Putzfrau. Ein Mann, der die Toilette wienert, ist nicht besonders sexy.

Beim Umpolen vom Alltagsmist auf Erotik hilft es auch, ihre Phantasie ein wenig anzuregen. Mein Lover hat neulich was ganz Simples angewandt: Er zog unterm Bett ein paar Tücher hervor, verband mir die Augen und machte meine Hände am Bettgestell fest. Dann ging er kurz weg, etwas holen, strich mir kaltes Glibberzeug auf Bauch und Brüste und leckte es ab … (es war Erdbeerjoghurt). Sie können sich nicht vorstellen, wie ich abging! Mein ganzer Körper war ein einziges Prickeln, meine Füße krümmten sich vor lauter Wollust.

Das Ding ist nur: Das kann er nicht immer bringen. Dann würde es nämlich zur Routine, und die ist für die meisten Frauen der Tod der Lust. Ich sehe ja ein, dass einer, der einmal rausgekriegt hat, was sein(e) Gefährt(in) in Fahrt bringt, das gern immer wieder anwendet. Aber selbst ausgefeilte Oraltechniken oder hingebungsvolle Ellbogenlutschereien werden nach der zehnten Wiederholung schal. Mein Tipp: einfach mal was ändern! Meinetwegen sich selber die Augen verbinden und mit mir Blinde Kuh spielen. Sich einen Motorradhelm aufsetzen oder meine Unterwäsche anziehen. Okay, die letzten beiden Vorschläge sind nicht so toll. Jedenfalls: Überraschungen sorgen für Abwechslung und richten des Weibes Aufmerksamkeit auf das Wesentliche: Sie.

Wobei: Bringen Sie ruhig ein bisschen mehr ein als nur sich selbst. Leider sind die meisten Männer da nicht allzu einfallsreich. Ich würde es zum Beispiel freudig begrüßen, wenn mein Liebhaber mal auf die Idee käme, Champagner aus meinem Bauchnabel zu schlürfen (die Version mit dem Weizenbier finde ich nicht so prickelnd). Sie mögen sagen: Ach, das ist doch abgegriffen! Aber haben Sie's jemals getan? Wahrscheinlich nicht, hm?

Es gibt so viele Möglichkeiten, frischen Wind ins Liebesleben zu bringen. Massagen mit erotisch duftenden Ölen. Ein Buch mit Anregungen für neue Stellungen. Lebensmittel in den Sex integrieren. Exotische Orte aufsuchen. Seiner Süßen eine originelle Liebeserklärung machen. Oder öfter mal einen Liebes-Wochenendtripp einlegen. Eine Fülle weiterer Tipps zu den Ideen finden Sie in diesem Werk. Wunderbar stelle ich mir auch vor: Ich komme nach Hause, öffne die Badezimmertür und finde alles voller Kerzen, ein duftendes Schaumbad ist eingelassen, daneben Sekt im Kühler und Leckereien, und mittendrin mein Süßer im Adamskostüm.

Oder: Er hat das Bett voller Rosenblätter gestreut (nur die Blüten; wir gehören ja nicht zur SM-Fraktion!) – für Ärmere tun's auch Gänseblümchen. Das ist die ideale Verbindung zwischen Romantik (Blumen), Liebe (er hat sich Mühe gemacht), Sinnlichkeit (der Geruch der Blüten, das Feeling auf der Haut) und Sex (Bett).

Sie meinen, für solchen Firlefanz haben Sie keine Zeit? Ein Witz unter Frauen geht so: «Was ist der Unterschied zwischen einer frischen und einer langen Beziehung? Eine Stunde.» Genau. Um so viel kürzer ist im Durchschnitt das Liebesspiel nach zwei Jahren geworden. Das wird gern mit Zeitnot und «zu viel zu tun» begründet. Aber hatte man am Anfang deutlich mehr Muße? Wohl kaum. Man hat sich einfach mehr genommen. Und stattdessen zum Beispiel weniger ferngesehen, weniger Überstunden gemacht, weniger an der Karre oder am Computer rumgeschraubt.

Ganz einfache Frage an alle Leser, die schon länger gebunden sind: Wann haben Sie das letzte Mal Ihre Partnerin so richtig hingebungsvoll geküsst? Das ist ja weder mit Mühe noch Zeitaufwand verbunden, und trotzdem geht es bei den meisten irgendwie verloren.

Noch ein fundamentaler Aspekt: In den meisten Beziehungen stellt sich irgendwann so eine Gewöhnungs-Vertrautheit ein, die mehr einem Bruder-Schwester-Verhältnis als einem Liebespaar ähnelt – oder, schlimmer noch, dem von zwei guten Kumpeln, da ein Bruder vor seiner Schwester normalerweise nicht aufs Klo geht oder sich pudelnackig an den Esstisch setzt und sich wo kratzt. Für mich geht da das Knistern verloren, und das hat nichts mit Prüderie zu tun. Erotik speist sich immer ein Stück aus dem Geheimnis, dem Fremden. Jemand, der mich an intimen Verrichtungen teilhaben lässt, denen ich nun wirklich nicht beiwohnen muss, wirkt alles andere als geheimnisvoll.

Das Fremde: Das ist unter anderem das, was ich am Mann nicht verstehe oder nicht teile. Genau das, was im Beziehungsalltag oft Ärger bringt, heizt unterbewusst unser Begehren an. Paradox, was? Drum sollte mein Partner, statt abends in Schlappen vor mir rumzuschlurfen und den Hintern auf dem Sofa platt zu sitzen, lieber öfter was richtig Kerlemäßiges mit Kumpeln machen, wie Fußballspielen, Motorrad-Touren, Kneipenabende. Erstens bringt Abstand wieder ein wenig Spannung in unsere einschläfernde Harmonie, zweitens kommt er dann mit dieser Aura von herber Männlichkeit nach Hause. Und zwischendurch führe er mich schick aus und lasse so richtig den Galan raushängen, balze überhaupt wieder mehr um mich. Was auch beinhaltet, dass er überlegt, ob er sich in letzter Zeit nicht ein wenig hat gehen lassen. Denn ein bleicher Schwabbelkörper, vernachlässigtes Haupthaar, altbackene Kleidung und dergleichen lassen bei mir nur noch eines feucht werden – die Augen. Habe ich hingegen das Gefühl, er will für mich attraktiv sein, begehrt mich immer noch und wirbt um mich, bringt das auch wieder das Superweibchen in mir zum Vorschein.

Ich weiß, ich weiß: Männer sind halt zielstrebig (Sex-Ziel = Erguss), darum benutzen sie gern Abkürzungen, sprich: bewährte Wege. Aber manchmal muss man eben Umleitungen fahren, um überhaupt zum Ziel zu kommen. Der Trieb einer Frau hängt selten davon ab, ob und wie oft sie Orgasmen hat. Der Weg ist ihr Ziel und jeder Umweg willkommen: Da gibt's mehr zu erleben! Und wenn der Steuermann auf dem Weg zur weiblichen Hauptverkehrsstraße ein paar Abstecher macht, zeigt er seiner Beifahrerin, dass sie es ihm wert ist. Das, verehrter Leser, ist der beste Lustturbo.

Handwerk & Mundwerk

Kuss | Von Mund zu Mund

Einem kundigen Küsser öffnet sich eine Frau schneller und vor allem häufiger. Catherine erklärt den Unterschied zwischen einem erfolgreichen und einem lausigen Knutscher.

Wenn eine Frau gut geküsst wird, regt sich auch deutlich was im Unterleib. Das erfuhr ich schon mit 14. Bis dahin hatte ich mit zwei Typen Mundkontakt gehabt: Der eine war Toni, ein Waldarbeiter, der mich bei einem meiner Streifzüge durch's Gehölz einfach gepackt und mir seine feiste Zungenwurst zwischen die Zähne gestopft hatte. Ich dachte nur: «Aha, das war also ein richtiger Kuss. Ist ja eher eklig.» Der zweite «ging mit mir»; er war 18 und hatte ein Auto. Aber für die neidvollen Blicke meiner Mitschülerinnen, wenn er mich von der Schule abholte, musste ich ein Opfer bringen: Nach jedem Treffen bog er kurz vor meinem Elternhaus in einen Waldweg ein, stellte da seinen Fiat ab, dann hängte er mir eine Stunde seine Zunge ins Mäulchen und wühlte wild herum – wohl um so was wie Leidenschaft vorzulegen (und zu entfachen). Er dachte, man müsse nur hartnäckig genug mundquirlen, und irgendwann wäre das Mädel bereit für tiefer gehende Aktivitäten – der Kuss als «Sesam-öffne-Dich». Ich fand es bloß lästig, aber nahm's hin wie eine Sitzung beim Zahnarzt, um ihn bei Laune zu halten. Was mich eher nervte, war, dass ich jedes Mal danach unauffällig in mein Zimmer schleichen musste, damit meine Eltern das stoppel-zerschundene Kinn nicht sahen.

Und dann kam der eingangs erwähnte Kuss – der, der in den Unterleib geht (wissenschaftlich erwiesen: In den Lippen liegen Nervenpunkte, die mit Klitoris bzw. Penis verbunden sind!). Auf einer dieser damals üblichen Klassenfeten, wo allmählich das Licht ausging und man zu Schmalz-Schnulzen «engtanzte». Zu dieser Gelegenheit bekam ich vom Schulcasanova eine orale Zuwendung, die so ganz anders war als meine ersten. Seine Lippen legten sich sachte auf die meinen und öffneten sie schließlich vorsichtig, und dann tastete sich die Zungenspitze vor, um sich wieder zurückzuziehen oder auch ein bißchen weiter vorzuwagen. Es kribbelte von den Haar- bis in die Fußspitzen und auch noch anderswo, aber in dem Alter wusste ich leider noch nicht viel damit anzufangen. (Den letzten richtig guten Knutscher, den ich traf, habe ich übrigens gleich im Golf vernascht, obwohl ich sonst kein Autosex-Fan bin!)

Was ich Ihnen mit diesen Schwänken aus meiner Jugend sagen will: Weil man im Laufe seiner sexuellen Prägung viel öfter küsst als koitiert und weil Frauen auf Küssen stehen, werden sie anspruchsvoll. Und ich glaube, dass es uns im Durchschnitt wichtiger ist als den Männern. Vielleicht kommt das aus den Zeiten, als die Mütter ihren Babys noch das Essen per Mund rübergereicht haben. Außerdem eruieren die Frauen beim Küssen unterbewusst, ob der Mann erstens ein sexuell kompatibler Liebhaber ist, und zweitens, ob sein Immunsystem mit dem eigenen eine sinnvolle Kombination ergibt (das ist dann der Fall, wenn er ihr «schmeckt», auch geruchlich), denn das ist für gesunden Nachwuchs entscheidend. Passt beides nicht oder auch nur eins von beiden, wird er seine Juwelen wohl in der Hose lassen müssen.

Blöderweise sind die meisten Männer nicht so scharf auf die Mund-zu-Mund-Begattung. Manche sogar überhaupt nicht, wie jener junge Schweizer, der bereits an meinem BH-Häkchen nestelte, aber sich wegdrehte, als ich ihn küsste (und ich hatte keinen Mundgeruch!): «Däss Geschläckche mag iächch niächcht.» Selbstredend durfte er nicht ans Eingemachte. Männer, die nicht oder kaum busseln, geben einem das Gefühl, man bestehe nur vom Hals abwärts. Sprich: Sex ohne Küssen is' nich'. Und nicht nur Bussel-Boykotteure, auch Kuss-Murkser kommen bei mir selten in die Tüte. Wenn einer nicht mal das kann, was soll da noch kommen?!

Wir Frauen schließen tatsächlich vom Knutschen auf seine Kopulier-Künste! Obwohl das nicht immer hinhaut. Ich war schon mit Kuss-Könnern im Bett, die sich dort dann als Amateure entpuppten. Andersherum hab ich's nur zweimal erlebt, beide Male in jüngeren Jahren, als ich noch auf Schönheit und süße Sprüche reinfiel.

Sprich, wenn Sie eine rumkriegen wollen, kommt es gar nicht so sehr drauf an, dass Sie der Superheld im Vögeln sind, sondern im Schnäbeln: Also hängen Sie sich rein! Wobei ich das nicht allzu wörtlich meine: Tatsache ist, dass Männer dazu tendieren, viel zu viel Zunge zu benutzen (sie stehen halt aufs Eindringen), aber für uns kann das auf Dauer zu einem arg lästigen Gast werden.

Hier ein paar Hinweise, wie man Frauen schon im Vorfeld wirkungsvoll abwehren kann.

Dazu sollten Sie möglichst lange weder trinken noch essen, vielleicht noch viel reden und wenig Gebrauch von Dentalhygiene-Artikeln sowie Kaugummi, Pfefferminz und dergleichen machen. Das gibt einen kräftig abgestandenen Geruch und Geschmack im Mund, der Frauen oft schon aus der Entfernung in die Flucht schlägt. Auch eine Raucher-, Alkohol-, Knoblauch- oder Zwiebelfahne leistet hier gute Dienste.

Beim Küssen selbst murksen Sie besonders gekonnt, wenn Sie's den eingangs erwähnten Zungenwurst-Stopfern und den Endlos-Gefühllos-Mundquirlern nachtun. Oder den trockenen Küsser mit harten, gespitzten Lippen geben. Oder den, der nur zwei Sorten Schmatz im Repertoire hat: mit Zunge oder ohne, aber immer in derselben Intensität. Oder den «Spontie», der mir überfallartig seine Zunge in den Hals drängt – auf diese Art von oraler Vergewaltigung steht kaum eine Frau. Oder Sie machen den Kuss-Koitierer: mit der Zunge andeuten, was Sie gern ein Stück weiter unten mit mir anstellen würden: möglichst tief reinstecken und rhythmisch stoßen. Huäh!

All diese Un-Knutscher haben eins gemeinsam: Für sie ist das

Geschnäble ein leidiges Pflichtprogramm, was eben zwangsläufig zum Vorspiel gehört. Die meisten Männer, die *gern* küssen, küssen dagegen auch *gut*. Einschränkung: Auch unter den Gern-Küssern gibt es welche, die mich nicht in freudige Erwartung von «mehr!» bringen, vor allem die *zarten Zauderer* (busseln nur zart herum und trauen sich nicht richtig ran) und die *Sabberer*: Sie setzen durch verstärkten Speichelfluss meine untere Gesichtshälfte unter Wasser. Merke: oben nass, unten trocken! Tipp: zwischendurch schlucken.

Ein Spitzen-Küsser achtet in erster Linie auf meine Reaktionen und erspürt, was ich will. Aber er spielt auch mit mir, er neckt und lockt. Seine Küsse sind nie eintönig, sondern mal lang und leidenschaftlich, mal flüchtig und zart, mal heftig und hart, je nach Situation und Stimmung (beider!!!) ... Er bringt sein gesamtes Mundrepertoire zum Einsatz: Lippen, Zunge, Zähne. Er leckt, saugt, knabbert. Er kitzelt mich mit der Zungenspitze im Mundwinkel: höchst erotisch! Seine Lippen sind immer in Bewegung, auch wenn die Zunge der Hauptakteur ist (was sie, wie oben angedeutet, längst nicht immer sein sollte!).

Jedenfalls, dies alles verbindet der Spitzen-Küsser mit seinem Erfolgsrezept: Er behandelt den weiblichen Mund als das, was er ist – etwas höchst Delikates, Sensibles und Köstliches. Tun Sie's ihm nach! Und wenn Ihre Schnecke dann immer noch keine kleinen wonnigen Laute von sich gibt, kann es nur an zweierlei liegen: Ihre Bartstoppeln kratzen zu sehr, oder Sie riechen aus dem Hals.

Fellatio | Augen zu, Mund auf!

Männer lieben es, oral beglückt zu werden. Bloß: Wie kriegt man Frauen wie Catherine öfter zu dieser Gunstbezeigung?

Laut Statistik sind 97 Prozent aller Männer ganz verrückt danach, ihr bestes Stück zwischen weiblichen Lippen zu platzieren. Dementsprechend belegt Fellatio (von Lateinisch «fellare» = saugen) in der Rangliste männlicher Sexvorlieben Platz 1 – mit Abstand. Bloß: Jede zweite Frau kann gern drauf verzichten, ja viele weigern sich gar partout! Doch ist es nicht geradezu lieblos, wenn sie ihrem angeblichen Schatz dieses herrliche Vergnügen vorenthält?!

Fragen wir lieber andersherum: Wie bringt er uns dazu, seinen köstlichen Jadestängel öfter in den Mund zu nehmen? Tja, da liegt der Hund begraben: Er ist nicht immer köstlich. Genau genommen ist ein unbeschnittener Penis eher unköstlich, wenn sein Träger unmittelbar vor dem Schäferstündchen nicht frisch gewaschen und gewienert ist. Und selbst wenn, so geht doch mancher nicht gründlich genug unter die Vorhaut, und dort kann sich schon nach wenigen Stunden so einiges ansammeln. Ich weiß nicht, warum die Natur so was Unappetitliches wie Smegma erfunden hat. Bei mir heißt es jedenfalls «Nillenkäse», denn etwa so riecht und schmeckt es auch: wie muffiger Ziegenkäse, garniert mit einem Hauch Latrine oder Fischkutter. Schon Spuren dieses Odeurs vergällen der sensiblen Frauennase diese Sexualpraktik. Apropos «beschnitten»: So ein hütchenloser Pimmel schmeckt nur nach Haut, das lässt sich problemlos stundenlang benuckeln.

Also angenommen, da wäre eine eher zurückhaltende Frau, die ihren Liebsten selten bis nie oral beglückt, nennen wir sie Maria. Nun meint er, ihr einen dezenten Hinweis geben zu müssen, indem er ihren Kopf in Richtung seines Gemächts bugsiert oder – auch gern praktiziert – seinen Unterleib in Höhe ihres Mundes. Frauen hassen das. Wir *wissen*, dass Männer Fellatio mögen, aber wenn, dann wollen wir's freiwillig tun.

Zuerst einmal sollte er herausfinden, warum sie's nicht macht – vorsichtig, sensibel und NICHT DIREKT VOR DEM AKT ODER WÄHRENDDESSEN (!), damit sie sich nicht unter Druck gesetzt fühlt, sonst geht gar nichts mehr. Am besten fragt er sie, wie sie allgemein zu Oralsex steht. Ob sie lieber welchen erhält als gibt und was er tun könnte, damit ihr beides mehr Spaß macht. Das gibt ihr endlich einmal Gelegenheit, ihm ungestraft zu verklickern, dass sie seinen Dödelmief schon in Brusthöhe erschnüffeln kann und deswegen auf keinen Fall tiefer gehen möchte. Natürlich sagt sie's ihm nicht so drastisch, sondern eher so was wie: «Bin sehr geruchsempfindlich.» Und dass sie ihn nach erfolgter Tiefenreinigung zwar nicht automatisch oral verwöhnt, aber dies schon mal die Grundvoraussetzung ist.

Wenn ich an dieser Stelle mal die Basics des Wiener-Wienern erläutern darf: Einmal kurz unter'n Wasserhahn halten reicht nicht! Allerdings: Eine feiste Ladung Waschlotion ist auch nicht so lecker. Also erst sorgfältig reinigen, dann gut spülen! Eine gute Idee ist, zusammen zu baden.

Also, weiter im Text. Was Maria ihrem Oral-Anwärter vielleicht auch mitteilen möchte, ist, dass er unter o. g. Voraussetzungen zwar ab und an Fellatio kriegt, aber nur als Vorspiel, weil er da schön hart wird. Schließlich will sie auch noch was davon haben. Oder dass sie befürchtet, ihre Lippenkünste könnten ihn zum spontanen Erguss bringen – und Sperma im Mund kann sie vielleicht auf den Tod nicht leiden. Manche Männer geraten beim Blow Job so außer sich, dass sie unsereins ihren Schwellkörper bis ans Halszäpfchen rammen, was uns wiederum einen der Lust nicht zuträglichen Brech- und Würgereiz einträgt. In beiden Fällen sollte der Antragsteller ihr glaubhaft versichern, dass er durchaus in der Lage ist, sich zu kontrollieren. Sollte sie das nicht so recht glauben, gibt's zwei Kniffe: Erstens, sie legt ein bis zwei Hände um seinen Penisschaft, um selbst zu kontrollieren, wie tief er kommt. Zweitens, man benütze für die ersten paar Male Kondome; am besten welche aus Kunststoff statt aus Latex, die schmecken besser (gibt's in Kondom- und Sexshops).

Ferner kann er ihr Fellatio schmackhaft machen, indem er sich den Schniedel mit Nuss-Nougat-Creme einschmiert und als längste Praline der Welt anpreist (und die einzige, die immer größer wird, je länger sie dran knabbert!). Noch besser: Er lässt erst mal *ihr* ausgiebigen Oralverkehr angedeihen. Aus Dankbarkeit zahlt sie mit gleicher Münze zurück. Außerdem tut die Frau in der Erregung so manches, wozu sie sonst nicht bereit ist. Falls sie auf die mündliche Revanche nicht scharf ist, kann er ihr auch andere Gegenleistungen anbieten: Putzen, Bügeln, Gala-Diners, Pelzmäntel ... Scherz beiseite – das käme doch etwas schräg. Besser: sie nach vollbrachter Tat mit extra viel Streicheleinheiten bedenken und loben («das war schön»). Oder Letzteres auch schon währenddessen rückmelden – mit schönem Stöhnen und süßem Geflüster («oh, du machst mich so an», «du kannst das so gut» o. Ä.). Das heizt wiederum sie mächtig an.

Eher abtörnend dagegen: sie anszuspornen wie ein Zirkuspferd («Gib's mir! Mach's mir! Schneller!»), allzu Ordinäres («Ja, blas mir einen, du geiles Stück!»), und der Absolut-Abtörner: ihr die Hand auf den Kopf zu legen und den Rhythmus vorzugeben. Damit hat er sich diese Gunstbezeigung für immer verscherzt.

Cunnilingus | Von Maulhelden und Pelzburgern

An sich ist eine flinke Zunge eine feine Sache, findet Catherine. Trotzdem ziert sie sich manchmal.

Wussten Sie, dass nichts Frauen so schnell und zuverlässig zum Kommen bringt wie Cunnilingus (aus dem Lateinischen von «cunnus» = Scham und «lingere» = lecken)? Durchschnittlich nur 7 Minuten braucht sie da, hat die Forschung eruiert, im Gegensatz zur Handarbeit (10 Minuten) und zum Verkehr (12 Minuten – falls sie's dabei überhaupt schafft). Auch ich kenne kaum etwas Schöneres. Denn nichts ist so zart und weich und süß wie eine Zunge, wie sein Atem und seine Lippen an meiner delikatesten Stelle, und genauso fühlt sich dieser Höhepunkt an. Aber auch ohne Orgasmus: Sein Mund zwischen meinen Tieflippen ist der Luxus-Express unter den Vorspielen – macht mich selbst bei akut toter Hose im Nu gierig auf alles, was da noch kommen mag …

Die meisten Männer verwöhnen eine Frau da gerne (falls sie nicht zehn Meter gegen den Wind riecht oder er sich den Zugang freiharken muss durch wild wucherndes Gestrüpp, das sich um Zunge und Zähne wickelt). Jedoch: Die meisten Empfängerinnen – so auch ich – können's nicht immer vorbehaltlos genießen. Allzu oft stehen wir uns da selber im Weg: Sobald sich sein Kopf südwärts bewegt, fängt das Hirn an zu rattern. Check: letzte Waschung heute morgen. Hilfe! Hoffentlich miefe ich jetzt nicht wie'n alter Fischkutter! Oder schmecke nach Harzer Rolle!

Gehemmt sind wir bisweilen auch bei Helligkeit. Weil wir unser Gekröse da unten nicht gerade attraktiv finden oder uns ausgeliefert vorkommen wie beim Frauenarzt oder vergessen haben, die Bikinizone nachzurasieren. Manche fragen sich sogar insgeheim, ob ihre Vulva nicht vielleicht hässlicher ist als die anderer Frauen («wie 'ne gammlige Schleimschnecke», sagt meine Freundin Bettina), und kneifen dann die Schenkel zusammen, sobald der Spielgefährte beim Sonntagmittag-Akt unter die Gürtellinie wandert.

Doch vor allem in puncto Eigengeruch sind Frauen extrem selbstkritisch. Nicht nur, weil uns zahllose Witze über das Muschi-Bukett (à la «Was ist eine auf den Kopf gestellte Blondine? Eine Brünette mit Mundgeruch!») ein hohes Miefpotenzial suggerieren und so zu einem Komplex beitragen, den wir seit der Pubertät mit uns herumschleppen. Sondern auch, weil unsere Nase – wissenschaftlich erwiesen! – wesentlich sensibler ist als die des Mannes. So stinkt uns leicht etwas, was seinen Zinken noch lange nicht stört. Oder sogar anmacht. Denn das Scheidensekret enthält sexuelle Lockstoffe, «Pheromone». Und die sollen ja nicht uns selber anturnen, sondern unser Gegenüber. Darum gibt es auch Frauen, die Cunnilingus deshalb nicht schätzen, weil sie ihren Süßen hinterher noch küssen wollen! Außerdem wissen gewiefte Puscheltaucher, dass es, wenn es denn mal müffelt, das meist nur im Eingangsbereich tut. Es verschwindet, sobald er sich eingeleckt hat oder wenn er vorher manuell ihre Säfte zum Fließen gebracht hat. Merksprüchlein: «Erst per Hand erregen – dann erst Mund anlegen!»

Trotzdem: Für Frauen ist es nicht leicht nachvollziehbar, wie's jemand behagen könnte, Mund und Nase länger als drei Minuten in etwas zu stecken, das feuchtwarm und haarig ist, mit wachsender Erregung immer schleimiger wird, oft auch noch eigentümlich bis abartig riecht und uns selber mehr an einen Fisch mit Afro-Look erinnert. Und das Ganze womöglich auch noch unter stickig-heißen Daunen (wegen optischer Vorbehalte unsererseits) und in zerknautschter Position (wegen des hinteren Bettendes). Nackensteife, Zungenkoller, Mundstarrkrampf drohen.

Dass dieser Liebesdienst nicht immer das reinste Zuckerlecken für den Mann ist, legen auch wenig schmeichelhafte Stammtisch-

Umschreibungen wie «Pilz mit Sauce», «Unterbodenwäsche», «Pelzburger» nahe. So meinen wir, ihn erlösen zu müssen, wenn er da unten lange zugange ist, zumal viele Frauen ein ziemliches Problem damit haben, sich «bedienen» zu lassen. Einige befürchten sogar, er könnte erwarten, dass sie ihm hinterher Entsprechendes angedeihen lassen – und damit haben sie ja nicht ganz Unrecht, oder? Drum bleibt so manche mit unüberwindbarer Penis-im-Mund-Aversion lieber unbeleckt.

Beruhigend wäre da, wenn der Zungenakrobat uns wissen lassen würde, dass alles zu seinem Wohlgefallen ausfällt. Dass er schon aufhört, wenn ihm irgendwas nicht zusagt. Und dass es ihm Lust bereitet, uns Lust zu bereiten. Er kann auch anregen, vorher gemeinsam zu baden. Oder selber kurz zur Genitalwäsche im Bad verschwinden und uns so Gelegenheit geben, hernach Gleiches zu tun.

Und wenn er trotz alledem unverrichteter Dinge am Haupthaar wieder nach oben gezerrt wird – dann stimmt möglicherweise seine Technik nicht. Folgende Varianten finden die meisten Frauen nicht so toll: Saugen, was das Zeug hält (Überreizung bis zur Gefühllosigkeit), Zahn-Einsatz (aua!), hektische Zungen-Zuckungen (machen eher nervös als geil), Scheide-Lecken oder weiches, zielloses Herumschlabbern (beides recht nett, aber bringt orgasmustechnisch nicht viel), Stöbern mit Lippen und Nase wie ein Trüffelschwein (irritierend).

Undankbares Weibsvolk!, mögen Sie jetzt denken. Da nehmen Sie schon das ganze Ungemach auf sich – können die dann nicht zufrieden sein mit dem, was sie bekommen? Nö. Wenn schon, denn schon. Kleiner Tipp: Sie wissen ja sicher, wie Sie sie per Hand zum O bringen können. Wenn Sie dasselbe mit der Zunge machen, schön gleichmäßig und lieber schneller als langsamer, und vielleicht daneben auch noch ein bis drei Fingerchen versenken, beamt das die weibliche Mehrheit in höhere Sphären. Mmmm, Wahnsinn …

Cunnilingus-Kniffe | Lecktionen

Einfach mit der Zunge drüber und gut? Aber nein, meint Catherine. Auch für den oralen Dienst an der Frau gibt's Finessen.

«Man nennt ihn auch Lecker-Lecker», raunt meine Freundin Ines mir zu, «er soll im Mündlichen eine Eins mit Stern verdienen.» Plötzlich gefällt mir dieser Typ, der seit einer Stunde an mir herumbaggert und mit meinem Dekolleté spricht, doch ganz gut. Noch in derselben Nacht prüfe ich seinen Ruf auf dessen Wahrheitsgehalt ... und stelle fest, dass er ihn verdient. Schon die Art, wie er seinen Tauchgang vorbereitet: nicht gleich ran an die Bulette, sondern erst mal die Umgebung bezüngelt, den Bauch, die Schenkel ... famos! Ganz im Gegensatz zu diesem Sexdilettanten von einem Surflehrer, von dem ich Ihnen an anderer Stelle erzähle. Der ging einfach runter, zwängte meine Beine auseinander und legte los.

Ich weiß ja nicht, wie das bei Männern ist: ob generell jede orale Dienstleistung willkommen ist. Bei Frauen ist das jedenfalls nicht so, denn es gibt tatsächlich Kerle, die das so schlecht machen, dass wir lieber darauf verzichten. Rob, der besagte Surflehrer, hielt meine Hüften beidhändig im Schraubstock und bohrte seine spitze Zunge derart in meine wehrlose Schleimhaut, als gelte es, eine zweite Vagina zu graben. Zentimeterweise wich ich zurück im Bemühen, ihm zu signalisieren, seine Zuwendung etwas weniger energisch zu gestalten, aber das Einzige, was passierte, war: Ich fiel aus dem Bett.

Wie Sie wissen, ist die Zunge (im Gegensatz zum Penis!) ein Muskel; und manche Männer formen diesen Muskel so spitz und hart, dass er sich anfühlt wie ein Knöchel. Nun stellen Sie sich mal vor, dass jemand damit an Ihrer hochsensiblen Eichel herumschabt …! Doch auch eine breite Zunge ist fehl am Platze, sobald sie allzu kraftvoll angewandt wird: Die kleinen Knospen darauf wirken an unserem Mimöschen fast wie Schleifpapier – vor allem, wenn der Lappen auch noch trocken ist. Sprich, was beim Küssen von Mund zu Mund wenig erwünscht ist, ist es weiter unten durchaus: Speicheln und Sabbern wie ein Cockerspaniel.

Ein Callboy sagte mal in einem Interview, wenn ein Mann den Cunnilingus nicht länger als 10 oder 15 Minuten durchhalten könne, habe er die falsche Technik. Sehr richtig. Man muss die Zunge entspannen, sie locker und leicht führen – so ähnlich, als wollte man seinen Handrücken befeuchten für das Salz vor'm Tequila oder ein Eis am Stil lecken (lecken, nicht beißen!!!).

Klar gibt es keine pauschalen Tipps, wie man Frauen oral befriedigt, da die Vorlieben unterschiedlich sind. Manche mögen einen kräftigen Zungenschlag, andere nur ganz leichte Berührungen, am besten nicht mal direkt an der Klitoris.

Ich nehme an, Sie kennen die Basics (siehe auch Kapitel «Von Maulhelden und Pelzburgern»).

1) Zunge in der Scheide nützt nicht viel, erst recht nicht der Einsatz von Zähnen.

2) Ist schon beim Oralservice am Manne das «Blasen» nicht wörtlich zu nehmen, so erweist sich der Versuch, durch Pusten in die Röhre die zugehörige Dame hochgehen zu lassen, als vergebliche Liebesmüh'. Ganz im Gegenteil: Das kann zu gefährlichen Embolien führen.

3) Saugen und Zuzeln eignen sich mehr für die Sorte hart gesottener Frauen, die auch auf Kneifen ihrer Nippel, Po-Versohlen und andere Misshandlungen stehen. Wer unbedingt zuzeln will, sollte besser ganz sachte loslegen und durch den halb geöffneten Mund einfach etwas Luft ansaugen, statt die Lippen fest um die Kleine Doris zu schließen.

Probieren Sie auch Folgendes: Umkreisen Sie sie, oder lecken Sie sanft hin und her bzw. auf und ab. Variieren Sie Tempo und

Intensität (zart/kräftig). Tupfen Sie mit der Zungenspitze rhythmisch an oder neben die Klitoris. Machen Sie einen weichen Kussmund, und summen Sie ein Liedchen in tiefen Tönen – das erzeugt süße kleine Vibrationen. Oder setzen Sie Ihre Hände ein, um gleichzeitig andere Hotspots zu bedenken.

Wenn Ihre Zunge erlahmt, können Sie sie auch einfach hinhalten und stattdessen den Kopf hin und her bewegen (sieht ein wenig blöd aus, aber die meisten Frauen haben dabei ja die Augen zu!). Oder statt der Zunge die Ober- bzw. Unterlippe benutzen; dazu sollte es aber feucht genug zugehen. Haben Sie zu wenig Spucke, können Sie sich auch mit Sahne o.Ä. behelfen.

Von all diesen Varianten merken Sie sich die, bei der Ihre Freundin am heftigsten abgeht. Die wenden Sie dann beim nächsten Mal an, und zwar schön gleichmäßig.

Kleiner Tipp zum Schluss: Je erregter sie schon zu Beginn der Oraleinlage ist, desto eher können Sie Ihre Zungenmuskulatur schonen. Die beste Vorbeugung gegen Mundstarrkrampf ist also ein großzügiger Einsatz Ihrer Hände!

Mit dem Mund kann man noch einiges andere machen außer Küssen und Cunnilingus: Catherine über die lustfördernde Integration von Lippen, Zähnen, Zunge.

Zu meinem Geburtstag machte mir mein Schatz ein besonderes Geschenk: Er wollte einen Tag lang *alles* tun, was ich wollte. Er war sich wohl sicher, ich würde ihn nur als Leibsklaven gebrauchen. Denkste, Honey! Nach diversen Hausarbeiten (Spülen, Bad putzen, selbstverständlich nackt) und der Reparatur des tropfenden Wasserhahns (nackt plus Werkzeuggürtel) musste er mit mir und Mutti am See spazieren gehen, anschließend mit mir für mich Schuhe kaufen gehen. Im 14. Geschäft erlitt er einen Schwächeanfall, ich packte ihn in ein Taxi und päppelte ihn zu Hause mittels starken Kaffees wieder auf.

Es folgte der angenehmere Teil: mich stundenlang streicheln, ohne Genitalberührung. Nun war ich allmählich in Stimmung und verlangte ein anständiges Vorspiel, kriegte jedoch nur das Übliche ... Er küsste erst mich, dann meinen Oberkörper und ging zum Oralen über bzw. runter ... und nichts regte sich. «Was ist los?», fragte er (immerhin, er fragte!). «Ist ja schön und gut, was du da machst», sagte ich, «aber du könntest deinen Mund ruhig auch mal anderweitig einsetzen.»

Warum nur kommt kaum ein Mann auf die Idee, dass er oberhalb seines Halses ein Instrumentarium besitzt, mit dem er den Körper jeder Frau elektrisieren und erotisieren kann?

Ich meine, den üblichen Mund-Möpse-Muschi-Triathlon gibt's ja sonst schon; diese Bereiche waren nun Sperrgebiet – vorerst. Zuerst musste er sich rasieren, bitteschön so glatt wie ein Kinderpopo, denn er sollte ja nicht meine zarte Haut zerkratzen.

Schon der Kopf bietet exzellente labial-linguale Lokalitäten: Schläfen, Augenlider, Wangen, Haar- und Ohransatz … Zarte mündliche Zuwendungen dort können geradezu elektrisierend wirken und gehen direkt ins Herz, das bei Frauen bekanntermaßen der Schlüssel für tiefere Gebiete ist. Leider versuchte Honey auch gleich, mein Innenohr zu ertränken in der Hoffnung auf einen *Ohr*gasmus; ich klärte ihn auf, dass leichtes Lecken an der Hörmuschel weitaus mehr bewirkt.

Dann zeigte ich ihm eine gute Verführer-Masche: Gesicht der Frau in beide Hände nehmen und mündlich liebkosen, einen Schmetterlingskuss auf die Augenlider hauchen, die Lippen erst mal aussparen – umso gieriger werde ich nach den seinen …

Was wir auch ausprobierten, war der Kuss auf «Mitakuku»-Art, wie er auf Papua-Neuguinea praktiziert wird: die Wimpern zwischen die Lippen nehmen. Testurteil: süß und originell.

Nun eine Etage tiefer, bitte: der Hals. Der Knutschfleck, eine liebenswerte Gepflogenheit aus unserer Jugend, geht leider verloren, weil niemand mit kompromittierenden Malen herumlaufen will. Ich bat also meinen Lakaien, mir ohne Rücksicht auf Verluste dergleichen zuzufügen: seine Lippen nur ein klein wenig zu öffnen, meine Haut kräftig anzusaugen und so zu halten. Interessantes Gefühl, gemischt aus Wollust und leichtem Schmerz …

Ich ließ ihn mit kleinen Bissen von der Schulter via Arm bis zur Hand vorwandern, um dort Finger für Finger anzuknabbern. Wussten Sie, dass in den Fingerspitzen die Energiebahnen des Körpers münden? Ein Verehrer von mir nahm einmal in einer Bar meine Finger einzeln in den Mund und zog anschließend mit der Zungenspitze Kreise auf der Handfläche; mir war, als ob hocherotische Funken daraus entsprangen, und wir beeilten uns, nach Hause zu kommen … So eine unvorbereitete Attacke zündet besonders gut, aber die Nachahmung meines Hasen war auch nicht übel.

Ich hieß ihn, mich von oben bis unten oral zu liebkosen: an den zarten Zonen mit den Lippen küssen und weich stubsen, mit der

Zunge lecken oder flächig streichen; an den fleischigeren Stellen mit den Zähnen knabbern, kauen, beißen ... Oh ja ... das kitzelte so schön wie damals, als Fury mit seinen großen Nüstern an meinem Arm schubberte und Fiffi mir die Beine abschleckte – allerliebst. Ein paar kräftige Lippenfürze seitens meines Liebesdieners verhinderten, dass ich in süße Jungmädchenträume entschwand.

Übrigens: Was ich beim klassischen Kuss weniger schätze – viel Zunge, viel Spucke – darf halsabwärts gern zum Einsatz kommen; nur eine Ganzkörperwaschung muss nicht gerade sein. Nun erprobten wir Kombinationen, zum Beispiel gleichzeitig saugen und an dem Fleckchen herumzüngeln oder auch beißen und nuckeln, lutschen und hauchen – alle Wetter, das bringt noch einen Extra-Erregungs-Bonus!

Ich hielt's kaum noch aus, aber wollte die volle Lustladung, wo ich schon mal Gelegenheit dazu hatte. Ich hatte gelesen, dass alle Falten und Spalten des Körpers besonders empfänglich für eine vorwitzige Zunge sind: Achselhöhlen, Armbeugen, Bauchnabel, Kniekehlen, die Mulden zwischen den Fingern und Zehen ... Die Umsetzung ergab: Es kribbelt nicht nur am beleckten Winkel ganz fabelhaft, sondern vielfach auch noch anderswo.

Überaus effektiv ist, wie jeder weiß, die mündliche Zuwendung an den Falten und Spalten des Unterleibs, zu denen er jetzt überging ... Ich rief: «Stopp, erst die Schenkelinnenseiten!» Ein Mann, der dort züngelt, ohne gleich auf die Vulva loszugehen, kann eine Frau in die Raserei treiben. Nur: Dem Ärmsten wurde die Zunge so trocken wie eine Schuhsohle – ich erlaubte ihm, sie dort zu benetzen, wo sich schon reichlich Nässe gesammelt hatte. Bald durfte er noch etwas anderes eintauchen, und sein harter Tag endete glücklich mit einer Anzeige wegen Lärmbelästigung.

Handarbeit | Fingerübungen

Auch ohne das alte Steckspiel kann Sex ganz fabelhaft sein, wenn man sein Handwerk versteht: Catherines Handarbeitsstunde.

Etwas aus den jugendlichen Anfängen meines Sexuallebens vermisse ich durchaus; eine Beschäftigung, mehr aus der Not (Abwesenheit von Verhütungsmitteln) geboren oder weil ich eben noch keinen Verkehr wollte: Petting. Auf gut Deutsch: «Fummeln und/oder gegenseitiges Masturbieren». Das machte Spaß, nicht zuletzt deshalb, weil Vögeln noch nicht drin war und man sich deshalb ganz aufs Erkunden und Rumprobieren verlegte. Nur schade, dass den meisten Burschen die Fingerfertigkeit des erfahrenen Liebhabers fehlte! Tapsige oder fahrige Bewegungen, zu grobes oder zu zaghaftes Vorgehen …

Später, wenn man dann regelmäßig mit jemandem verkehrt, wird alles so zielgerichtet: ein paar routinierte Handreichungen an den einschlägigen Stellen, um die Frau vorzubereiten auf die Hauptsache: Koitus und Orgasmus.

Ich fänd's ja schön, wenn die Betätigung der Finger ab und zu wieder das wäre, was sie für viele Frauen ohnehin ist: der Hauptgang. Heutzutage gibt es ja nur noch zwei Sorten Männer, die sich überwiegend darin üben: ganz junge, die noch nicht rein *dürfen*, und ältere, wenn sie nicht mehr rein *können*. Der Rest verlässt sich eher auf Penis und Zunge – obwohl es genug Situationen gibt, in denen beides nicht zum Einsatz kommen kann: Die Gespielin hat ihre Tage oder eine Infektion, man ist an einem öffentlichen Ort, oder es sind Dritte zugegen. Einmal telefonierte ich mit meiner Mutter, während mein Lover mir eine «Handgranate» verabreichte. Mutti wunderte sich nur, warum ich so laut «ahh» rief, als sie mir von ihrem neuen Abführmittel erzählte.

Die hohe Kunst der Handentspannung: Leider ist das bei vielen Männern eher ein Stochern im Nebel beziehungsweise im Liebestunnel. Wenn einer das schon zur Einleitung tut, ist für mich sonnenklar: Stümper am Werk! Will er prüfen, ob auch was Größeres reinginge? Will er mich vorbereiten auf das, was gleich anschließend kommt? Immerhin kann man mit den Fingern eine Menge mehr anstellen als mit einem Penis: zehn bewegliche Teile versus ein steifes, das ist doch was!

Eine andere Sorte von handwerklichem Stümper ist der Grobmotoriker, der rubbelt, dass mir die Schuppen aus den Haaren fallen, und glaubt, je heftiger er hantiere, desto eher käme ich. Fingerfertige Frauenfänger pirschen sich zunächst von außen heran: Hauchzarte Berührungen am Bauch, an den Schenkelinnenseiten oder am Po stimmen ein. So viele Männer gehen zu direkt und zu heftig ran! Diesem Typus gebe ich gern ein Bild an die Hand: Während sein eigenes Geschlechtsteil einem Hund gleicht, der schwanzwedelnd auf einen zurennt, sich an einen presst und kräftiges Streicheln mag, ähnelt das der Frau einem scheuen Kätzchen, das sich verkriecht, wenn man zu plump drauf losgrapscht. «Supersachte» hingegen entfacht die Lust auf mehr. Die signalisiert sie dann schon beizeiten.

Nehmen wir an, die Dame erteilt grünes Licht, zum Zentrum des Geschehens vorzurücken. Selbst jetzt wäre es strategisch unklug, den Kitzler direkt anzupeilen, da er rasch überreizt ist und der gute Ausgang des Spiels somit gefährdet wäre. Ein geschickter Navigator steuert erst mal drumherum, umkreist ihn und lockt ihn aus der Reserve, bis er sich einnässt. Oder er teilt mit dem Zeige- und Ringfinger die Lippen und holt sich mit dem Mittelfinger Feuchtigkeit aus dem Scheideneingang. Ist noch nicht feucht? Dann sollte mann vielleicht andernorts noch mehr Zuwendungen platzieren.

Liegt die Hand endlich und glücklich auf dem rechten Fleck und beginnt diesen zu reizen, gilt es, die Körpersprache der Fleck-

Inhaberin zu beachten. Im Prinzip ist diese leicht zu entschlüsseln: Weicht sie zurück, möchte sie leichtere Berührung; drückt sie sich dem Partner entgegen, darf er kräftiger zulangen. Bewegt sie sich gar rhythmisch gegen seine Hand, ist das der Wink mit dem Unterleib, wie er sie endlich stimulieren soll. Wobei es stets erregender ist, wenn die fremde Flosse die gewünschte Geste ausführt, als wenn wir uns an der unbewegten Hand reiben müssen. Denn dann könnten wir ja gleich die Sofakante nehmen.

Etliche Männer denken: «Das mach ich doch mit links.» Ja, genauso fühlt es sich dann auch an. Drum als erste Regel: Die Hand benutzen, mit der mann auch sonst unanständige Handbewegungen ausführt, und zwar möglichst nicht nur einen Finger. Zweite Regel: Offen dafür sein, es bei jeder Frau neu zu erlernen und zu üben. Manche mögen's zum Beispiel, wenn man ihre Klitoris zupft, knuddelt oder kleine Trommelwirbel drauf niederlässt; sehr vielen jedoch ist das zu viel, sie bevorzugen das Indirekte. Ein minimales Quirlen oder Winken mit dem Finger ist des Guten genug, und zwar an den Schamläppchen oder am Gewebe um den Magic Spot herum. Manchmal reicht es sogar schon, wenn die flache Hand den unteren Teil des Schamhügels hin- und herbewegt bzw. kreisen lässt.

Findet einer nicht die rechte Gangart, gefällt's mir, wenn er mich bittet, meine Rechte auf seine zu legen und ihn zu führen. Und wenn er einfach nachfragt, was er «da unten» tun soll? Die wenigsten Frauen können aus dem Stegreif eine Anleitung geben; mehr erfährt er, wenn er bei der Ausübung nachhakt, ob dies oder jenes genehm ist.

Neunmalkluge Sexratgeber raten, der Mann solle seine Partnerin auffordern: «Zeig mir, wie du masturbierst, und ich mach's genauso.» Bin ich Dolly Buster? Zudem will ich nicht unbedingt so befingert werden, wie ich's mir selber tue. Der Reiz eines Handlangers besteht ja meist darin, dass er's anders macht. Nur aus derselben Richtung soll die gefällige Pfote kommen: Legen Sie sich parallel neben die Dame, oder setzen Sie sich hinter die Sitzende, lassen Sie Ihren Handballen auf dem Venushügel ruhen – eine gute Ausgangslage für die Fingerübungen. Tipp: Indem Sie das Handgelenk mitbewegen, wird der gesamte Venushügel stimuliert!

Wenn Sie eine funktionierende Handhabe gefunden haben und sie steuert auf den Orgasmus zu: um Gottes willen bitte genauso beibehalten, sonst stürzt sie ab! Bei manchen muss auch die Intensität gleich bleiben, bei anderen stärker werden – körpersprachliche Hinweise siehe oben. Zu diesem Zeitpunkt ist oft auch der berühmte Stinkefinger (oder zwei!) willkommen. Und Sie haben noch einen halben Tag Freude am Geruch, der unter den Fingernägeln klebt.

Massage | Knetkunde

Kaum etwas bringt Frauen zuverlässiger in Stimmung als ein Paar kundige Hände und eine erotische Massage, erfuhr Catherine am eigenen Leibe.

Die raffinierteste Verführung, die ich je erlebte, lief via Massage. Und das von einem Kollegen, der nicht mein Typ war und mich eigentlich nur mäßig interessierte …! Das kam so: Er bot an, mir nach der Arbeit meinen verspannten Nacken und Rücken zu massieren. Ich sage Ihnen, so was zieht immer, falls Sie in den Augen der betreffenden Dame nicht gerade rüberkommen wie ein schleimiges Ekelpaket. Jedenfalls dachte ich, der Kollege wollte mich bekleideterweise im Sitzen behandeln, und war umso überraschter, als er mich in sein Büro bat und hinter mir abschloss. Er hatte für dezentes Licht und Schmeichelmusik gesorgt («ist entspannender»), seinen Schreibtisch leer geräumt und darauf eine Decke und ein Badetuch ausgebreitet. Daneben standen verschiedene Öle. «Wozu das alles?», fragte ich, und er: «Wenn schon, denn schon.» Er bat mich, mein Oberteil auszuziehen: «BH kannst du anlassen, wenn du willst.» Ich wollte, entledigte mich aber meines Shirts, weil ich nicht als verklemmt dastehen wollte (damit hatte er wohl gerechnet!).

Er wärmte etwas Öl in den Händen an und legte los mit einer köstlichen Mischung aus kräftigen und sanften Griffen. Erst die Schultern. Dann der Rücken. Dazu öffnete er doch den BH («damit er nicht voller Öl ist») und schob meinen Rockbund etwas nach unten. Zugegebenermaßen war es zusätzlich prickelnd, so zweidrittelentblößt vor ihm zu liegen. Hypnotisiert vom Duft des Öls und den Sphärenklängen überließ ich mich willenlos-wollüstig seinen Zuwendungen. Als er anfing, meinen Nacken (hocherogener Bereich!) mit heißem Atem zu beknabbern und ich die brünstige Assoziation hatte, mich fiele ein Raubtier an, nahm ich mir seine Griffel zur Brust und ließ den Dingen auf dem Schreibtisch ihren Lauf …

Was ich Ihnen mit dieser Geschichte illustrieren wollte: Der Trick bei der erotischen Massage ist es, ganz harmlos anzufangen und in sexuellen Handlungen zu enden. Eine Massage, die gleich zu den Geschlechtsmerkmalen übergeht, ist einfach nicht spannend, sondern entbehrt jeder Erotik. Mir ist schon klar, dass die weibliche Brust geradezu zum Kneten und die Schamlippen zur Minimassage einladen; dennoch ist es taktisch klüger, genau diese Areale erst mal auszusparen – so lange, bis das Mädel sie Ihnen quasi in die Hände drängt. Was meinen Sie, warum Masseure so fette Abschussquoten haben? Frauen fahren auf diese handkundige Spezies ab, die Wohlbehagen schafft, ohne koitale Gegenleistungen zu erwarten. Ohne Zugzwang öffnen wir uns leichter!

Falls Sie sich als Amateur an einer Süßen vergreifen wollen, können Sie zum Beispiel einer Kundin eine Handmassage anbieten oder einer Nixe am Strand den Rücken eincremen. Kraulen Sie Ihrer neuen Flamme die Kopfhaut (gut gegen Schädelweh), lassen Sie sich unterweisen in der Fußreflexzonen-Behandlung (gut gegen alles) oder in der «kosmetischen» Gesichtsmassage (extrem sinnlich, aber nur, wenn die Betreffende kein Make-up trägt!).

Also hier die Anleitung für den Hobbykneter: bei Ganzkörperbehandlung erst die Hinter-, dann die Vorderseite. Der Rücken mag kreisende und klopfende Bewegungen, Arme und Beine streichende und fließende Bewegungen; Fleischiges wie den Po dürfen Sie feste walken. Sensible Hautstellen (z. B. Dekolleté, Fuß- und Handrücken, Schenkelinnenseiten) müssen Sie ganz zart behandeln. Vorsicht auch an den Stellen mit schwachem Bindegewebe (z. B. Oberschenkel, Brust): Starkes Kneten schmerzt!

Vergessen Sie das Motto «tut's weh, tut's gut». Fleischwülste rollen, bis Blut kommt: Da folgt kein Nümmerchen, sondern höchstens eine Schmerzensgeld-Klage. Bevor Sie mit schwieligen Händen lustige Muster in ihren Rücken ziehen, sollten Sie die Hornhaut mit Bimsstein abrubbeln (ersatzweise Schleifpapier). Auch Schwitzepfötchen sind ungünstig, da sie am Weibe kleben wie die Vorhaut am ungewaschenen Glied. Öl ist ein Muss, es verhindert kontraproduktive Klebeffekte, und aromatische Zugaben stimmen Frauen williger. Moschus, Sandelholz, Ylang-Ylang, Vanille machen geil, Bergamotte, Jasmin, Rosmarin und Kardamom fördern die Hingabe. Mischen Sie ein paar Tropfen in ein gutes Öl, voilà!, schon flutscht die Kiste. Klatschen Sie sie voll damit, dann fühlt sie sich wie ein Baby im Bauch. Gummi- oder Plastikunterlagen unterm Badetuch verhindern Sauereien.

Obacht: Falls Ihr Opfer japst, röchelt, schmerzverzerrten Gesichtes Tränen unterdrückt oder von der Liege fällt, sollten Sie eine softere Gangart einlegen; hingegen zu Techniken und Stellen, bei denen sie aufjauchzt oder wollüstig stöhnt, sollten Sie immer wieder zurückkehren. Speichelt sie irgendwann besinnungslos in die Unterlage, grunzt und quietscht, kommt bald das Schweinchen in ihr raus, und Sie können zum Bongospielen übergehen.

Was tun, wenn das Objekt Ihrer Begierde vor lauter Entspannung einschläft? Zwicken und Kitzeln wecken auf, aber turnen nicht an. Hören Sie einfach auf, ihren Rücken zu bearbeiten. Wenden Sie sich ihrem Po zu, lassen Sie eine Hand wie zufällig zwischen die Schenkel gleiten. Wenn Sie sie dann umdrehen, wird sie hellwach sein. Auch ein Massagestab leistet hier gute Dienste. Ich meine nicht das Prachtstück in Ihrer Leibesmitte, das bereits in Warteposition bebt. Sondern so ein Teil, das man ab ca. 50 Euro im gut sortierten Kaufhaus bekommt. Das können Sie später auch an anderen Stellen anwenden, und es schont die Zunge.

Zu guter Letzt ein Rat: Machen Sie nicht denselben Fehler wie mein Kollege Zauberfinger, mitten im Vollzug rauszuplärren, dass die Massier-Masche «bei allen Weibern zieht». Da bin ich ihm nämlich prompt vom Schreibtisch gehüpft.

Höhepunkte

Selbst auf- und abgeklärte Männer haben zum Teil noch seltsame Vorstellungen über den weiblichen Höhepunkt und dessen Zustandekommen …

In puncto «weiblicher Gipfelsturm» kursieren ein paar unverwüstliche Ammenmärchen; hier die vier ärgerlichsten:

Mythos 1: Jede Frau kann bei entsprechender Bereitschaft und Hingabe durch schlichte Penis-Stöße kommen. Einer meiner Exfreunde versuchte doch allen Ernstes, mir einzureden, die Scheide sei schließlich das Gegenstück zum Glied. Und wenn er durch einfache Reibung einen Orgasmus kriege, könnte eine «normale» Frau das ja wohl auch?! Seiner letzten Freundin wäre das jedenfalls ohne weiteres gelungen.

Er – wie viele andere – hat wohl noch nicht mitgekriegt, was Sexualwissenschaftler seit Jahrzehnten verkünden: Die Klitoris – und nicht die Vagina – ist unser Lustzentrum Nummer eins. Das hat einen ganz einfachen Grund: Wäre unser Inneres so sensibel wie Eichel oder Kitzler, könnten wir eine Geburt gar nicht aushalten. Sprich: Da drinnen hat's kaum Nerven, am Eingang ein paar, aber hauptsächlich sind sie in unserem Magic Spot.

Die meisten rein penisinduzierten Orgasmen kommen so zustande: Beim Umrühren bewegt sein rühriger Liebesquirl die Schamlippen, was die Klit indirekt reizt, oder sein Schaft drückt direkt auf Letztere, wenn man dicht aneinander liegt. Aber dazu muss sie groß bzw. erregbar genug sein. Sollten Sie schon mehrere Vulven inspiziert haben, werden Sie festgestellt haben, dass sie sehr unterschiedlich ausfallen, vor allem in Größe und Gestalt der eben erwähnten Kleinteile. Und möglicherweise tragen nur einige dieser Formen dazu bei, dass ein koitaler Orgasmus zustande kommt. Bestimmte Stellungen können das unterstützen, ebenso ein dicker Phallus, weil der mehr Bewegung und Druck bringt – aber eben nur bei einem Teil der Frauen. Einige haben auch einen reizempfänglichen G-Punkt (intravaginaler Geheimfleck), der auf starke, zielgenaue Stöße reagiert – bei der Mehrzahl geht das bedauerlicherweise nicht. Darum liegt die Krux wohl öfter im Anatomischen als im Psychischen. Und damit wären wir bei

Mythos 2: **Frauen, die weder beim Vögeln noch durch anderweitige Bemühungen des Liebhabers kommen, sind irgendwie «blockiert»** – zu verkrampft, zu orgasmusfixiert, was auch immer. Einer warf mir sogar mal vor, ich strenge mich nicht genug an (Tatsache war, ER strengte sich nicht genug an!). Die Schätzchen, die uns so was weismachen wollen, sind entweder ignorant, bequem, unsicher oder befürchten, ihr Zipfelchen könnte uns nicht genügen. Denn fast alle «unfähigen» Frauen sind per Handbetrieb recht zuverlässig zum Höhenflug zu bringen – gesetzt den Fall, der Genosse weiß, wie's geht. Nur leider können etliche Betthelden die Klitoris nicht mal orten! Bei einer repräsentativen Zeitschriftenumfrage machten 40 Prozent der befragten Männer völlig falsche Angaben zu ihrer Lage (etwa: «in der Scheide»). Andere traktieren unseren Liebesknopf wie Knetmasse bzw. wie den Joystick beim virtuellen Alien-Abschuss. Oder manchmal sind sie selber zu orgasmusfixiert. Frauen erspüren, wenn einer ungeduldig an ihnen herummanipuliert, zumal, wenn er «komm schon» keucht (ist mir nicht nur einmal passiert!), und unter Druck läuft nun mal gar nichts mehr.

Ein derart fixierter Typ glaubt fest an Mythos 3: **Befriedigt er sie nicht, ist der Sex für sie scheiße und er ein Versager.** Für die männliche Mehrheit ist ein Abgang die Voraussetzung eines gelungenen Liebesspiels. Doch das darf er nicht unbedingt auf die Frau übertragen. Ein für alle Mal: Wir können auch O-los tollen Spaß im Bett haben. Ja wirklich. Ich persönlich bin zufrieden, wenn ich bei jedem zweiten Mal einen habe. Andere sind da noch bescheidener. Und ein Höhepunkt macht den Verkehr nicht automatisch zur tollen Nummer: Es gibt auch verzichtbare Orgasmen mittels lauwarmem Beischlaf. Zum Beispiel, falls er beherrscht wird von Mythos 4: **Wenn er nur lange genug durchhält, wird sie schon irgendwann kommen.**

Die Folge ist, dass er keinen Spaß hat, weil er sich denselben verkneift und stattdessen an lustabträgliche Dinge denkt und sich fragt, wann ich nun endlich komme. Ich habe leider auch keinen Spaß, weil ich allmählich wund werde und er so ein verbissenes Gesicht macht, verbunden mit merkwürdigen Fffft-Geräuschen, und ich mich frage, wann er endlich fertig ist.

Fakt ist: Nur etwa jede zweite Frau ist körperlich in der Lage, durch bloßen Koitus abzuheben – die berühmte Sexualforscherin Shere Hite behauptet sogar, nur 30 Prozent –, die Gründe habe ich oben genannt. Bei so mancher können Sie sich also die Seele aus dem Leib rammeln, und nichts geht.

Klar, wenn Sie schon nach drei Minuten fertig sind, haben noch viel weniger Angehörige des lahmen Geschlechts die Chance, es über den Berg zu schaffen. Die Frau braucht im Durchschnitt nun mal länger als der Mann. Auch dabei hat sich Mutter Natur was gedacht: Sie soll beim Begatten stillhalten, bis er sein Erbgut abgelegt hat. Wäre sie nämlich vor ihm fertig, würde sie den Akt vielleicht abbrechen, und sein Sperma landete nicht in ihr, sondern noch öfter sonstwo, als es das eh schon tut. Aber wenn's Ihre Lakengefährtin nach 15 oder 20 Minuten nicht geschafft hat, wird's höchstwahrscheinlich auch nichts mehr werden. Legen Sie lieber mal einen Zwischenstopp ein, und verpassen Sie ihr einen schönen Cunnilingus.

Es tut mir ja Leid, verehrte Leserschaft, dass Sie das ausbaden sollen, worin die Natur uns Frauen benachteiligt hat. Aber das soll eben alles so sein, und wir können's nicht ändern. Also muss man das Beste daraus machen. Drum halten Sie Ihrer Partnerin bitte nicht vor, wenn sie nicht oder zu langsam kommt. Vielleicht hatten Sie vorher eine pflegeleichte Dame mit dankbarer Muschi und funktionstüchtigem G-Punkt. Vielleicht hatten Sie auch nur eine gute Schauspielerin. Lassen Sie sich von der aktuellen erklären, wie ihr Lustgarten funktioniert, legen Sie Hand oder Mund an ihr Lustknöpfchen – vor, in oder nach der Paarung. Dann sind Sie schon mal auf dem richtigen Weg.

Gemeinsamer Orgasmus | Gipfeltreffen

Warum wird so viel Aufhebens um den gemeinsamen Orgasmus gemacht? Catherine bezweifelt, dass der geteilte Gipfel doppelte Freude bringt.

Ich gebe zu, gutes Timing hat was für sich: Kommt er zuerst, ist die Sache gelaufen. Komme ich zuerst, und er rödelt weiter, stellt sich bei mir bald eine Art Missempfinden ein. So eine Art genitaler Überdruss, wenn nicht sogar Wundschmerz. Schafft man's zusammen, können beide entspannt wegdämmern oder ihre Geschlechtsteile säubern, und keiner muss in die Verlängerung gehen. Schön und gut, aber muss man deswegen geradezu besessen vom vereinten Finale sein? Wie etwa Jörg, einer meiner Verflossenen. Er laberte etwas von «Verschmelzen» und «Romantik der Gemeinsamkeit». So ein Mumpitz! Beim Höhepunkt ist man doch so auf sich selber fixiert, was soll daran «gemeinsam» oder gar romantisch sein?

Ein Männermagazin schrieb neulich: «Der Mann möchte nicht über Liebe diskutieren … Der Ausdruck seiner Liebe sind für ihn die sexuelle Potenz und die Penetration. Das gemeinsame Erlebnis des Orgasmus ist für ihn die Antwort auf die Frage nach der Liebe.» Ach sooo … Ich dachte, das sei für ihn eher der oberste Beweis seiner Bett-Leistungsfähigkeit. Warum sonst endet fast jede Story in den Billig-Sexblättchen, wo es ja auch sonst nur von prall bestückten Potenzprotzen und immerfeuchten Ischen wimmelt, mit simultanem Abflug? Nehmen wir mal «Piep!, die freche Erotik-Illustrierte»: Auf 48 Seiten, die auch so Erbauliches beinhalten wie «Erschütternde Schicksale», «Onga aus dem Kongo», «Sündige Sexspiele mit Transvestiten» und «Meine Frau betrügt mich mit dem Pudel!», findet sich ein sattes Dutzend Stereo-Höhepunkte! Meistens treffen sich zwei in einem willigen Moment, ruckzuck kommt man zur Sache, die heiße Gaby fragt sich noch, woher er so genau weiß, was sie wild macht (Zunge ins Ohr, Nippel zwirbeln, Hand ins Höschen), dann reitet sie ihn, wobei sie ihren Po hurtig auf- und abwippen lässt – und schon «explodieren wir keuchend und schreien unsere Lust laut heraus!».

Sie und ich, wir wissen beide, dass die Realität ganz anders aussieht. Es klappt bestenfalls bei eingespielten Teams oder per Zufall. Die Natur hat den Mann nun mal als ICE eingerichtet, der aufs Ziel zudonnert, während sich der «Bummelzug Frau» langsam den Berg hochackert. Wollen beide gleichzeitig auf dem Gipfel sein, muss der ICE seinen Dampf drosseln oder sogar mal stoppen. Wenn er ihr natürlich schon vor seiner eigenen Fahrt geholfen hat, fast bis oben zu gelangen, dann kann er selber gern Vollgas geben.

Ich kenne nur eine einzige Frau, die sich in einer bestimmten Stellung mit einer bestimmten Bewegung innerhalb von drei Minuten zum Orgasmus bringen kann (die Glückliche!) – bei allen anderen müssen beide in mühevoller Kleinarbeit erst mal eine Handhabe finden, wie die Frau überhaupt einigermaßen zuverlässig befriedigt werden kann. Und dann auch noch gleichzeitig mit ihm?! Meist hängt es am Mann, das zu bewerkstelligen, denn sie ist froh, wenn sie überhaupt kommt, und kann nicht auch noch steuern.

Und was, wenn sie auch noch zu den Frauen gehört, die's nur per Hand- oder Mundbetrieb schaffen? Da ist ein «Gipfeltreffen» nur durch kreatives Herumprobieren und ein paar Kniffe zu schaffen. Eine bestimmte Stellung funktioniert da oftmals ganz gut: Er liegt auf der Seite, sie vor ihm auf dem Rücken, wobei sie ihre Beine so über seine legt, dass sich ihre Kehrseite an seinem Joystick befindet. Vorteil: Er wird beim Stoßen nicht so sehr gereizt und kann sie zugleich mit der Hand behandeln.

Jedoch die Frage ist ohnehin, muss es wirklich genau gleichzeitig sein? Ich finde nicht. Ich beobachte lieber, wie meinem Lover die Gesichtszüge entgleisen. Außerdem: Wenn er im selben Moment wie ich im Halbdelirium vor sich hin orgasmiert, woher soll er da wissen, ob ich ihm nicht was vorgespielt habe? Genau das tat ich bei Paarlauf-Fanatiker Jörg, denn sein Ehrgeiz wurde derart krampfig («bist du schon so weit?»), dass bei mir gar nichts mehr ging.

Bei seinem Nachfolger dagegen klappte es fast so oft er wollte. Er wusste genau, welche Knöpfe bei mir zu bedienen waren, verstand meine Erregungsniveaus zu lesen und seine im Zaum zu halten – und wenn dann meine orgasmischen Spasmen einsetzten, fuhr er so drauf ab, dass er selber kam.

Mein Fazit: Im Duett kommen zu wollen kann zum Leistungssport ausarten – nur noch das Ziel im Auge, hat man keinen Sinn mehr für das schöne Drumherum (etwa hurtig wippende Körperteile). Und da Männer nach ihrem Erguss gern in diese ausgepumpte Lethargie verfallen, find ich's sowieso am besten, wenn ich etwa zwei Minuten vor ihm abhebe: lang genug für meine multiplen Höhepunkte, kurz genug, dass ich noch keinen genitalen Überdruss entwickle … Und er – er kann sich sicher sein, dass er sich guten Gewissens sein postkoitales Bier geben darf.

Orgasmus-Fake | Notlandung

Catherine plaudert aus, warum Frauen Orgasmen vortäuschen und wie man einen echten von einem gespielten unterscheidet.

Die wenigsten Männer können bei einer Frau einen echten von einem gespielten Orgasmus unterscheiden. Obwohl in Umfragen 80 Prozent behaupten, sie könnten ihn zweifelsfrei ausmachen: daran, dass die Betreffende schreit, stöhnt, keucht oder ganz still wird, ihr Körper bebt, die Scheide zuckt; jeder Fünfte gab als Erkennungszeichen «sie schwitzt» an. Abgesehen davon, dass Schwitzen absolut kein Anzeichen ist, kann sie die anderen Punkte auch noch locker vortäuschen.

Einer sagte in einer Cosmopolitan-Studie sogar, die Frau wälze sich dabei «mit verkrampften Schamlippen» herum, ein anderer machte den Orgasmus an einer «Schleimausstoßung der Scheidenvorhaut» fest. Häh??? Scheidenvorhaut??? Also: Das ist alles Kokolores.

Jedenfalls: Den 80 Prozent der angeblich unfehlbaren Orgasmus-Kenner stehen satte 80 Prozent Frauen gegenüber, die zugeben, sie hätten mindestens einmal oder auch öfter geblufft, und der Lover habe nichts davon gemerkt. Das kann ich bestätigen. Ich hab's schon oft getan. Man muss ja nicht mal viel machen, Männer sind da sehr genügsam: Atem- und Stöhnfrequenz steigern, ein paar konvulsive Zuckungen, ein bisschen Aufbäumen und Augenrollen und gleichzeitig mit ihm «kommen», dann kriegt er sowieso kaum was mit. Nachfragen à la «Hattest du einen?» gab es nie. Das würde auch nichts bringen: Die wenigsten von uns würden zugeben, dass sie faken. Das servieren wir ihm erst, wenn Schluss ist («Und damit du's weißt: Jeder einzelne Scheiß-Orgasmus war vorgetäuscht!!!»). Denn wehe, er erfährt's vorher: Da fühlt er sich verarscht. Er denkt, wozu rackere ich mich hier überhaupt ab, und er findet, die Frau degradiere ihn dadurch zu einem dumpf rammelnden, schwanzfixierten Blödmann, dem sie nicht zutraut, dass er es kapiert, wie sie zu befriedigen ist.

Wir sehen das ganz anders. Ich zum Beispiel spiele bei Gelegenheitsaffären gern mal, damit er Ruhe gibt. Ich erteile doch nicht jedem Dahergelaufenen eine explizite Bedienungsanleitung für meine Intimteile! Mein Orgasmus klappt sowieso selten auf Anhieb, zumal wenn ich das Gefühl habe, er warte nur drauf, dass ich endlich so weit bin. Viele Männer glauben ja, man müsse eine Frau nur ausdauernd beackern oder auch berubbeln, und sie käme dann schon irgendwann. Und solange halten sie sich selber zurück. Bei manchen erwacht sogar erst recht der Ehrgeiz, es mir doch noch zu «besorgen», wenn ich sage: «Das wird heute nichts mehr.» Aber bevor ich da unten anfange zu qualmen oder meine Kleine Doris durchgescheuert ist, mache ich lieber eine Notlandung und lasse sie glauben, ich hätte den Gipfel schon erklommen. Ich gönne den Typen ihren Spaß. Denn so können sie guten Gewissens ihren Erguss haben.

Andererseits gibt es auch den Fall, dass ein Lover alles ganz wunderbar gemacht hat, er hat gestreichelt und geleckt, die rechten Stellen entdeckt (hey!, reimt sich!), und trotzdem kann ich nicht, weil ich gerade zwanghaft drüber nachdenken muss, ob ich mir nun diese grünen Sandaletten kaufen soll und zu welchen Kleidern sie passen würden … Aber derlei profanes Zeug will ich dem Schnucki nicht antun, der sich gerade so zwischen meinen Beinen abmüht und mich in höheren Sphären wähnt, was ich sicherlich auch wäre, wenn ich nur nicht so leicht abzulenken wäre. Ich kann ihm doch nicht sagen: «Gib's auf, Purzel, ich muss dauernd an grüne Schuhe denken.» Das wäre gemein, und außerdem würde er sich fürderhin vielleicht nicht mehr so viel Mühe mit mir geben. Also mache ich ihm kurz was vor, und alle sind glücklich. Lieber zwei Minuten schauspielern als zwei Stunden diskutieren! Das ist nur ein kleiner Gefallen, wie ich auch mal seinen kleinen Freund lutsche, selbst wenn er mir nicht schmeckt. Männer tun dergleichen uns Frauen zuliebe ja auch.

Aber woran erkennt man den weiblichen Orgasmus denn nun eindeutig? Natürlich gibt es ein paar Signale, die die Frau nicht willkürlich erzeugen kann – nochmal ein Schub Extra-Nässe, Gesicht und Dekolleté werden rot, die Schamlippen verfärben sich, sie hat eine Art Hitzewallung – aber auch diese Anzeichen betreffen nur *manche* Frauen. Ich dachte immer, das Einzige, das bei uns allen gleich ist, sei die *Scheidenkontraktion*: ein rhythmisches Zusammenziehen der inneren Muskulatur, das angeblich nur schwer nachzuahmen sei. Aber nicht mal das stimmt. Persönliche Recherche zeigte mir, dass viele Männer das gar nicht spüren (nämlich die mit den fingerdünnen Pimmeln. Äh, Pardon – ich korrigiere: Also die, deren Partnerin eine Scheide so weit wie ein Ofenrohr hat). Kleiner Hinweis: Wenn sie irgendwas tut, was sie entstellt, ist's wohl echt, denn keine würde so was *absichtlich* tun. Aber die Frage ist doch eigentlich: Wozu muss der Mann unbedingt wissen, ob die Frau gekommen ist? Er sollte doch lieber froh sein, wenn sie überhaupt Anzeichen eines Höhepunkts von sich gibt. Ob nun echt oder gespielt, ist *ihre* Angelegenheit – und wenn sie *immer* simuliert, schneidet sie sich sowieso ins eigene Fleisch.

Nun dachte ich neulich: Mal sehen, ob mein Dauer-Lover Jan was merkt. Ich hechelte also gegen Ende eines ausführlichen Intermezzos auf das Schönste, versteifte den ganzen Körper, und dann – aaaah – Seufzen, Entspannung, einige Male die Scheide zusammengezwickt, voilà! Ich machte es so realistisch, dass ich fast selber glaubte, ich hätte einen gehabt. Zuerst dachte ich, er hätte es geschluckt. Aber dann fragte er: «Bist du gekommen?» Ich: «Wieso fragst du?» – «Normalerweise geht so ein heftiges Zucken durch deinen ganzen Körper», erwiderte er. Sehen Sie! Wenn Sie Ihre Gespielin gut kennen und ein aufmerksamer Liebhaber sind, kann Ihnen sowieso keine was vormachen.

Techniken

Aktiver Penis | Einführungsangebote

Mit einem Penis kann man weit mehr anstellen als nur Rein-Raus ... Catherine plädiert für den Weg des Widerstands.

So ein Schwanz ist ein wunderbares Spiel- und Werkzeug, und es ist ein Jammer, dass viele seiner Träger ihn nur zu simpelsten Zwecken einsetzen. Das ist, als würde man einen edlen PC mit allen Schikanen bloß für Geschäftsbriefe nutzen. Männer, die virtuos mit ihrem Gerät umgehen, können eine Frau dazu bringen, süchtig danach zu werden.

Aber es erfordert natürlich Willen und Körperbeherrschung, seinen geilen kleinen Freund im Zaum zu halten – und seine «natürlichen» oder auch animalischen Triebe. Die nämlich geben dem verkehrenden Manne ein: geradeaus reinstecken, vor- und zurückbewegen, ablaichen. Sprich: die Grundform, die alle draufhaben, und manche leider *nur* die! Klar ist das der einfachste und direkteste Weg zum Orgasmus (zu seinem). Aber wenn Sie den Weg des geringsten Widerstandes wählen, spüren wir Mädels genau deshalb oft zu wenig («Bist du schon drin, Hase?!»), besonders wenn der liebe Gott Sie nicht so üppig ausgestattet hat: Da sind Techniken, die in/an der Frau viel Bewegung und Reibung erzeugen, gut für beide.

Selbst mit dickeren Lümmeln kommt beim «Standardstoß» bald Langeweile auf. Ich finde, er eignet sich am besten für die Verkehrseinleitung, um die Hauptstraße vorzubereiten auf das, was noch kommen mag. Aber bitte sachte! Heftiges Hämmern sollte man sich eher für kurz vorm Abheben aufheben. Nun, angeblich gibt es Frauen, die immer nur die Dampframme wollen; doch die Mehrzahl bevorzugt einen raffinierteren Einsatz des männlichen Freudenspenders. Ich zum Beispiel brauch's manchmal gaaaanz langsam und gefühlig, ein anderes Mal wiederum so heftig, dass man da unten eine Glühbirne zum Leuchten brächte. Ein Kerl, der darin ein Feeling für mich hat, ist schon mal Anwärter für das Prädikat «SL» wie SuperLover (siehe entsprechende Kolumne in diesem Buch!).

«Aber leider ist die Karnickelfraktion hierzulande stark vertreten», seufzt meine Freundin Babsi, «und daneben gibt es noch so viele, die einfach ungeschickt damit umgehen. Die denken sich zu wenig in die Frau hinein, was ihr allgemein und in diesem Augenblick gefallen könnte.» Stimmt schon. Die machen genau dann Stellungswechsel, wenn ich gerade finde, oh, guter Stich, oder geben partout nicht Gas, wenn ich signalisiere, dass ich mehr PS brauche. Und vor allem haben die noch nicht ganz mitgekriegt, dass unsere Rosa Grotte nur um den Eingang bzw. an den ersten paar Zentimetern schön reizempfänglich ist; der Rest der Röhre hat nur wenig Nerven (außer bei der Hand voll Mädels mit funktionierendem G-Punkt).

Deshalb ist der Moment des Eindringens einer der schönsten im Akt, und es turnt sehr an, wenn der Mann sein Teil ganz herauszieht, um gleich wieder einzutauchen und so weiter, sanft oder kräftig, je nach Grad der Leidenschaft. Nur allzu lange sollte man's nicht machen: Erstens wird die Scheide zu trocken, weil der Penis zu viel an der Luft ist, zweitens pumpt er Luft rein, die dann irgendwann äußerst geräuschvoll wieder entweicht – Erotikkiller! Und deshalb bewirkt ein Penis, der schräg agiert (von oben/unten/der Seite), mehr als einer, der ganz gerade hin- und hergeht.

Probieren Sie auch mal diese Kamasutra-Variante, «Buttern» genannt: Sie rühren mit Ihrem Quirl kräftig im dafür vorgesehenen Gefäß herum – das geht besonders gut, indem Sie ihn am Schaft halten und führen. Allerdings sollte dazu die Gefäß-Inhaberin schon auf erhöhter Betriebstemperatur sein – wenn nicht, wird sie sich fragen, ob Sie da unten Schaum schlagen wollen; im positiven Falle jedoch können Sie schon mal was zur Schalldämmung ihrer Schreie bereitlegen. Prima sind auch Stellungen, die ermöglichen, dass Sie mit dem Pinsel an ihrer Pforte rumspielen können, wie diese: Ihr Becken liegt auf dem Bettrand, und Sie knien zwischen ihren Beinen.

Mein Liebhaber hat solche Sachen wirklich gut drauf. Eine Variante, die er öfter anwendet, ist folgende: Er schiebt sein Kleinod flach über meine Kleinodien (mit Hilfe der Hand oder ohne), rhythmisch, zart und gut befeuchtet – hmmm, lecker! Oder ich lege mich auf den Bauch und nehme die Beine zusammen, er schiebt von hinten seinen «Massagestab» zwischen meinen Schenkeln durch und reibt damit meinen Lustknopf – für mich ein klasse Vorspiel, für ihn eine klasse Stabmassage, am besten mit viel Schmierung. Übrigens: Auch der schlaffe Schniedel ist ein wunderbarer Fingerersatz, weich, zart und ohne Nägel, um die weiblichen Kleinteile zu streicheln – das fühlt sich so süß an! Besonders, wenn ich spüre, wie er allmählich steif wird …

Manchmal neckt und triezt er mich, dringt nur ein paarmal halb ein und kreist dann mit dem Zauberstab um mein Venusgärtchen oder lässt nur die Eichel eintauchen und bleibt so stehen. Er tut das zum Beispiel in der Hundestellung, einer Position, in der viele Kerle dazu neigen, unkontrolliert loszuwummern und zu schnell fertig zu sein. Mein Superlover indes nutzt seine Vormachtstellung dazu, in oben genannter Weise herumzuexperimentieren. Es macht mich völlig verrückt, wenn ich nicht weiß, wie mir geschieht, und er mich ein wenig zappeln lässt – gerade in dieser ausgelieferten, sozusagen «blinden» Lage … Ich geb's ungern zu, aber manchmal bettle ich um sein Eindringen, so gierig werde ich. Nur wenn er den Bogen überspannt, mich zu lange warten lässt, vor meinem Orgasmus innehält und Ähnliches, werde ich sauer statt süchtig, und meine Lust geht komplett den Bach runter.

Mein abschließendes Merksprüchlein lautet also: Ist er Herr über sein Gemächt und dabei kein Folterknecht, ist er auch Herr über die Frau und macht sie im Bett zur Sau. Oder so.

Koitusdauer | Dampframme versus Dauerbrenner

Er kommt zu schnell und sie zu kurz? Wie lange ein Koitus dauern muss, damit Frauen zufrieden sind, verrät Catherine.

Stellen Sie sich vor, Sie sind sexuell zugange: Ihr Unterleib fängt gerade an, so richtig angenehme Gefühle zu produzieren, und Sie freuen sich auf einen saftigen Orgasmus, da stöhnt Ihre Eva kurz auf, gleitet von Ihnen runter, tätschelt Ihre Wange und sagt: «Sorry, schlechte Nachricht, Baby – ich bin schon wieder fertig!», oder auch nur: «Oh, wie bin ich jetzt müüüde!» Fies, was? Die Version mit vertauschten Rollen hat jede sexuell aktive Frau schon erlebt, etliche sogar regelmäßig: Laut Statistik preschen 27,3 Prozent der deutschen Männer im Schweinsgalopp durch jeden Verkehr.

Und das ist durchaus kein modernes Problem – schon vor 1700 Jahren hieß es in der indischen Liebeskunst: «Es ist eine erwiesene Tatsache, dass die Frauen größere Wonne empfinden bei einem Mann, der zu einer verlängerten Vereinigung in der Lage ist. Sie verabscheuen die Männer, bei denen sie in sehr kurzer Frist vollendet ist.»

Die Diskrepanz zwischen den Geschlechtern in Sachen Sexgeschwindigkeit gab es also schon immer. Die Frage ist, wieso hat die Natur es so eingerichtet, dass die Frau im Durchschnitt so elend langsame sexuelle Reaktionen hat? Wie ich schon im Kapitel «Orgasmythen» erklärte: damit Steinzeit-Suse nicht weglief, bevor Mr. Neandertal seinen Samen injiziert hatte. Aber heute, in den Zeiten der Familienplanung, hat diese biologische Finte (obwohl noch vorhanden) ihren Sinn verloren, und der Mann muss hinauszögern, damit das Weibchen ein bisschen mehr davon hat.

Das hat wiederum der eine oder andere Mann dermaßen verinnerlicht, dass er grundsätzlich ewig braucht – was uns Frauen auch nicht passt, weil es uns nur wund statt wuschig macht. Oder er ist so schwer damit beschäftigt, keinen Erguss zu haben, dass er darüber seinen und unseren Spaß vergisst. So einer geht davon aus, dass die Wahrscheinlichkeit des weiblichen Orgasmus steigt, je länger er durchhält. Nun, das trifft bei den meisten Frauen nur für die Dauer von ca. 20 Minuten zu (vorausgesetzt, sie können durch reinen GV überhaupt kommen!); danach wird's für viele sowieso nix mehr und der Akt zur drögen Endlos-Rammelei. Da frage ich mich: Warum befriedigt er sie nicht schon vorher per Hand oder Mund? Dann kann er das, was *er* als Hauptgang betrachtet, ganz entspannt angehen. Oder, um's mit dem guten alten Kamasutra zu sagen: «Da gleichwertige Wonne beiden als Ziel vorschwebt, muss der Mann die Frau früher erfreuen, ehe noch die letzte Vereinigung erreicht ist.»

Klar ist die Koitier-Dauer auch Stimmungssache: Sind wir schon sehr in Wallung und/oder kommen kurz nach dem Eindringen, tut's auch ein kurzes Gastspiel. Fiel die Vorarbeit eher mager aus, und der Lustfunke entsteht erst beim Vögeln, kann Letzteres gern auch bis zu einer halben Stunde gehen. Deshalb heizen die Gentlemen unter den notorischen Frühstartern ihre Lakengefährtin schon vorher tüchtig auf. Allerdings ich persönlich schätze, selbst wenn ich schon fast auslaufe, einen Vollzug, der über sechs oder sieben Minuten hinausgeht: Lang & gut ist besser als kurz & gut.

Mag sein, dass es Frauen gibt, die froh sind, wenn's rasch vorbei ist. Das weibliche Gros bestätigt allerdings eher die Volksweisheit «Früh geschossen macht verdrossen». Auf Dauer ist es ja das gute Recht der Frau, einem ständigen Scharfschützen zu grollen – gibt es doch reichlich Verzögerungstaktiken. Die gängigsten haben aber so ihre Haken: etwa Stellungswechsel oder Päuschen – die bringen Sie zwar ein wenig runter, leider gilt das für Ihre Partnerin aber noch mehr, es sei denn, Sie nutzen den Break für orale Dienste. Oder Betäubungsmittel: «Haste Haschisch in der Blutbahn, kannste vögeln wie ein Truthahn», heißt es. Das gilt auch für Volksdroge Nr. 1: Alkohol. Bloß, welche Frau treibt's schon gern mit einer ziel- und planlos herumstochernden Rauschramme?

Sehr beliebt ist es, an etwas Lustabträgliches zu denken (körperliche Gebrechen, dicke Verwandte, Integralrechnungen ...). Doch eine verkrampfte Miene ist ebenfalls abtörnend für die Frau. Außerdem: Wenn man sich dabei immer schiefe gelbe Zähne oder Tante Helga im Bikini vorstellt, könnte es sein, dass einen das irgendwann erregt, weil man es dann untrennbar mit sexuellen Aktivitäten verknüpft. Oder dass es einem den Sex grundsätzlich verleidet.

Oft wird empfohlen, die flotte Flöte mit ein paar Fingern kräftig zu drücken: entweder auf den Damm (zwischen Hoden und Anus) oder direkt unterhalb der Eichel. Wie? Man merkt, dass es kritisch wird, legt den Rückwärtsgang ein und malträtiert sich erst mal? Da sackt eher die Stimmung als sonst was.

Diese Techniken sind erfolgsträchtiger:

Platziert sich die Dame oben oder seitlich vor Ihnen, fällt das Hinauszögern leichter, weil man so besser die Beine relaxen kann, denn Anspannung vom Unterleib abwärts beschleunigt Ihren Abgang. Oder Sie verkehren mehrmals hintereinander. Beim zweiten Einsatz brauchen Sie schon länger, beim dritten ewig ... Tipp: schon nachmittags anfangen! Oder kurz vorm Bettduett masturbieren. Apropos Masturbieren:

Üben Sie am besten schon beim Handorgeln, es immer mehr hinauszuzögern. Hören Sie jedes Mal kurz vor dem Erguss auf. Das ist übrigens die effektivste von allen genannten Methoden, weil Sie so ein Gespür dafür bekommen, wann er bevorsteht, und ich meine nicht die ein, zwei Sekunden davor, wenn er sowieso nicht mehr aufzuhalten ist. Versuchen Sie, dabei zu erspüren, welche Rolle Ihre Beckenbodenmuskulatur für den Orgasmus spielt – angespannt oder entspannt? – und wie Sie sie in Ihrem Sinne einsetzen können. Das ist die Muskulatur, die man auch braucht, um seinen Urinstrahl zu unterbrechen. Nach ausreichend langem Training werden Sie fast automatisch später zünden. Dafür muss man die Übung zwar zwei bis drei Monate durchziehen, doch 90 Prozent können danach echt lange …

Vielleicht wieder zu lange? Keine Sorge: Uns Frauen sind Langstreckenläufer allemal lieber als Sprinter. Beim Marathonmann können wir immer noch was tun, um seinen Zieleinlauf zu beschleunigen. Wie? Lassen Sie sich überraschen …

Stellungen I | Stellungnahme

Oben, unten, seitwärts, von vorn oder hinten – was bringt Frauen am meisten Lust? Die gängigsten Stellungen aus Catherines Sicht.

Ich wette, Sie wissen genau, welche Stellungen Sie am schönsten stimulieren. Aber fiedeln Sie damit auch die beiliegende Dame in den siebten Himmel? Ein Beispiel: Männer lieben die «Reiterin» (sie oben), das weiß ich aus Umfragen und aus der Praxis. Und ist Ihnen schon mal aufgefallen, dass männliche Regisseure in ihren Sex-Szenen immer die Frau nach oben setzen? Logisch: Welcher Mann liegt nicht gerne relaxed da und lässt sie machen, während er das Lustspiel «Frei schwebende Glocken baumeln im Takt» gucken kann?

Für die Mehrzahl der Frauen (ich inklusive) ist «rittlings» nicht die erste Wahl. Gut, immerhin haben wir erst mal die Zügel in der Hand. Aber viele der Berittenen können doch nicht stillhalten, es geht ihnen zu langsam, also ruckeln sie uns aus der Hüfte entgegen. Das endet in Kombination mit dem weiblichen Rhythmus allzu oft damit, dass sein bestes Stück rausflutscht und wir mit vollem Gewicht draufrummsen, was schmerzhaft beendet, was so nett begonnen.

Apropos schmerzhaft: Abgesehen davon, dass er gegen meinen Muttermund ballert, wenn er lang gebaut ist, spüre ich persönlich bei der Reiterstellung zu wenig vom Manne, respektive von seinen Bewegungen – ich finde es erregender, mich der Empfindung seiner Stöße ganz hinzugeben! Erstens, je weniger ich selbst dabei tun muss, desto mehr kriege ich von ihm mit, zweitens, eine fremde Berührung oder Bewegung ist spannender als die eigene, da nicht vorhersehbar.

Was die eine oder andere Reiterin außerdem stört: sein freier

Ausblick auf Busen & Bauch, wenn diese der Schwerkraft schon allzu sehr nachgeben. Nun gut: Sie kann sich ja mit dem Rücken zu ihm setzen. Fühlt sich manchmal sogar besser an, inwändig, meine ich.

Überhaupt: Alles Gute kommt «von hinten». Manche behaupten, weil sein Penis so ihren G-Punkt (falls vorhanden) am besten erreicht. Ich mag's, weil Scheideneingang und Damm (Übergang zum Po) intensive Zuwendung kriegen – sehr reiz-dankbare Stellen. Und es ist so schön animalisch. Völlig unabgelenkt kann ich mich ganz meinen schweinischen Phantasien hingeben. Leider hat «a tergo» (ob die Frau nun kniet, auf ihm hockt oder über der Tischkante hängt) drei Nachteile: 1) Etwas verklemmtere Damen finden das unpersönlich und entwürdigend («wie die Köter auf der Straße»). 2) Ein Freund von mir sagte mal, aus diesem Blickwinkel sähe *jedes* Hinterteil dick aus, und bestätigte damit nur, was alle Frauen insgeheim befürchten. 3) Trotzdem (oder gerade deswegen?) ist der «Doggie-Style» auf der Hitliste der Männer ganz oben, sodass sie bei diesen Aussichten und wegen ihres fast uneingeschränkten Handlungsspielraums leider rasch die Übersicht verlieren und hämmern wie heiß gelaufene Karnickel, was a) unseren Eingeweiden so manch bösen Schlag versetzt und nach üppigen Mahlzeiten besonders unangenehm ist, b) alles zu schnell beendet (drum benutze ich a tergo auch gern, wenn ich nicht mehr kann und er endlich kommen soll!).

Der «Missionar klassisch» – sie liegt bewegungslos herum, er ackert – ist beim Manne nicht allzu beliebt: Zum einen gilt er wegen seiner weiten Verbreitung und hohen Beliebtheit als spießig und langweilig, zum andern muss der männliche Beteiligte stundenlang im Liegestütz verharren, weil seine Untergebene meckert, wenn er mal eben auf ihr pausiert. Hingegen schätzt die Frau den Missionar sehr wegen a) «Liebe machen»: Augen und Lippen können sich paaren, b) Entspannungseffekt (so kann sie ihr Empfinden voll auf seine *eindringlichen* Bewegungen richten!).

Vorausgesetzt, sie hat einen Liebhaber, der nicht wie ein nasser Sack auf ihr abliegt und die Schweratmige auf der Matratze festnagelt, sondern sich leicht macht, sodass sie den ihr genehmen Phallus-Eintrittswinkel mitbestimmen kann.

Übrigens: Der von Männern mehr geschätzte «Missionar, Beine hoch» (sprich, sie zieht die Knie an) gestattet zwar tieferes Vordringen, ist für viele Frauen aber nicht das Wahre. Denn die wirklich empfänglichen Partien (Klitoris und Vaginalportal) werden zu wenig mit einbezogen, es sei denn, der männliche Anhang ist von beträchtlichem Umfang.

Eine weitaus stärkere Stimulation erhalten diese Teile, wenn die Frau geschlossen und entspannt liegt, am besten also die Beine locker auf der Matratze längs legen kann. Für bessere Reize sorgt auch eine angehobene Hüfte, etwa auf Bettkante, Tisch, Kissen; oder indem er eher seitlich auf ihr liegt.

Meine bevorzugte Missionars-Abwandlung ist folgende: Wir gehen in die Grundposition, und ich nehme nacheinander die Beine nach innen und «klemme» ihn sozusagen ein. Das fordert meinem Beischläfer wegen heftiger Reibung jedoch ziemlich viel Beherrschung ab. Was meine Orgasmus-Wahrscheinlichkeit erhöht: Er rutscht mit dem Becken ein Stückchen nach oben, sodass sein Schaft meinen Hot Spot massiert. Er muss nur drauf achten, dass er im missionarischen Eifer nicht unversehens in das übliche Rein-Raus verfällt.

Die Variante, bei der er ihre Füße auf seine Schultern packt, gefällt dem Manne meist sehr, weil es die Dame inaktiviert und er ihr sein Ding fast bis zum Hals reinrammen kann. Laut Kamasutra eine «klaffende Position». Fühlt sich auch so an und ist für unsereins eher Pein als fein. Wir liegen da wie hilflose Käfer auf dem Rücken und können uns nicht rühren, die Klit ist null involviert, der Bauch rollt sich faltig zusammen, und in der rückwärtigen Beinmuskulatur entsteht binnen kürzester Zeit ein peinvolles Ziehen infolge von Überdehnung. Zudem gewährt diese Lage tiefe Einblicke in die Fortpflanzungsorgane. Sie eignet sich also mehr für Mädels mit exhibitionistischen und masochistischen Neigungen. Ein Kompromiss wäre, dass die Frau wenigstens ein Bein nach unten nimmt, am besten abwechselnd mal das eine, mal das andere, das ist schon weitaus besser auszuhalten.

Weitaus größerer weiblicher Gunst erfreut sich das «Löffelchen»: Sie liegt auf der Seite, er hinter ihr. Ist zwar auch a tergo, aber viel intimer, denn man liegt näher beieinander und kann sich je nach Flexibilität sogar ins Gesicht schauen oder küssen. Bewegliche und begabte Liebhaber schaffen es dabei sogar, gleichzeitig den Liebesknopf der Frau zu streicheln und ihren Busen zu kosen – was für viele ein überaus zuverlässiger Weg zum Gipfel ist, zumal er länger kann, weil sein Schwanz nicht so stark gereizt wird. «Gerade darum find ich das nicht so doll», mögen Sie sagen. «Obendrein muss ich dieses multimotorisch koordinieren und habe ihre Haare im Gesicht. Außerdem rutsch ich dauernd raus.» Hey: Dafür punkten Sie löffelnderweise immer. Und es erspart Ihnen das Zähneputzen vorm Morgensex.

Stellungen II | Positionswechsel

Stellungen, die zweite: Schon mal exotische Verrenkungen wie «Liebeswaage» oder «Lotusritt» getestet? Catherines Praxisbericht.

Da hört man die Leute immer wieder lamentieren, sie wünschten sich mehr Abwechslung im Bett. Aber in den meisten Beziehungen pendelt man sich über kurz oder lang auf drei bis fünf Lieblingspositionen ein, und was anderes gibt's dann kaum noch. So auch mit meinem Langzeit-Lover Jan. Darum kam mir der Auftrag gerade recht, ein paar Exoten zu testen. Ich besorgte ein paar anschauliche Tantra- und Stellungsbücher, aus denen wir uns die vielversprechendsten Turnübungen ausguckten …

Unsere erste: Der «**Ritt auf dem Delphin**» – er liegt, ich sitze auf ihm (eingestöpselt), meine Füße auf seinen Schultern. Kippen wir das Ganze zur Seite, haben wir die «**Liebkosung der Knospe**». Beides muss ich sofort abbrechen: Ich habe das Gefühl, gleich durchbricht sein Schwengel meine Scheidenwand. Aua!

Beim «X» sitzt er mit ausgestreckten Beinen auf dem Bett, ich platziere mich, ihm zugewandt, auf seinem Schoß und auf seinem Marterpfahl, dann legen wir uns zurück, sodass jeweils der Oberkörper des einen zwischen den geöffneten Beinen des anderen ruht. Hm. Für mehr Stabilität und Bewegungskoordination kann man sich an den Händen halten. Hm. Zögerliches Ruckeln der Unterleiber. Währenddessen kann ich mich seiner Hornhaut (pflegebedürftig) und dem Bukett seiner Füße widmen (reifer Jahrgang!). Er jammert, gleich knicke sein Teil ab. Prima Technik also für Hartgesottene, die sich auch gern ihren Schniedel in einen Schraubstock klemmen lassen. Besser geht diese Variation: Ich schiebe ein Bein unter seines und liege halb versetzt, meine Hüfte also schräg zu der seinen. Gewährt auch mehr Bewegungsfreiheit.

Ihn törnt's mächtig an, mir ist's fast zu viel des Guten – gibt mächtig Druck in der Röhre.

Dann schon lieber die «**Schere**»: im Prinzip der «Missionar», nur dass er einen seiner Schweinshaxen zwischen meine tut. Das bringt meine entscheidenden Kleinteile in Wallung – oh yeah! Jan hat auch Spaß, respektive Reibung, was wiederum für mich von Nachteil ist, da er nicht mehr lang an sich halten kann …

Die «**festnagelnde Position**» (Frau liegt auf dem Rücken, legt einen Fuß hinter ihren Kopf, den anderen streckt sie nach vorn, Mann dringt von oben ein) entfällt wegen Mangel an Gelenkigkeit. Wer sich so verrenken kann, vermag sich auch selber zu lecken – herzlichen Glückwunsch!

So eine typische Tantra-Kiste ist die «**Welle der Glückseligkeit**»: Man sitzt Brust an Brust auf dem Bett oder Teppich und verschlingt die Beine hinter dem Rücken des anderen. Ist zwar nett kuschelig, aber lässt nur mäßiges bzw. müdes Geschaukle zu. Fucking light. Macht vielleicht Rentner glückselig – mich nicht. Schon eher, wenn ich mit dem Hintern zu ihm hin zwischen seinen Schenkeln knie, meine Füße drunter durchgesteckt – fertig ist der «**Lotus-Ritt**». Ich als Rittmeisterin lasse die Pobacken wackeln, er hält sich an meinem Vorbau fest: hoho! Nicht schlecht, mein Knecht! Bloß: Nach fünf Minuten schmerzt's mir im Spann. Jan experimentiert: legt den Oberkörper zurück, hebt die Käsemauken gen Himmel – selbst so lässt sich's noch paaren. Hat sogar einen Namen: «**Elefantenritt**». Aber statt Lust kommt mir das Lachen: Ich kann ihm bis in den Darm schauen. Mit 'nem Foto davon könnte man hohe Summen von uns erpressen.

Noch eine tierische Stellung: der «**Stoß des Stieres**». Ich liege auf der Seite mit angezogenen Beinen, er kniet vor meinem Becken. Jaaa, ganz nett … erzeugt eine ungewöhnliche, doch durchaus angenehme Reibung (beiderseits), und ich kann entspannt passiv bleiben.

Unser letzter Kandidat, die «**stehende Umarmung**», meint die

Paarung im Stand, Auge in Auge. Ist etwas diffizil, da mein Süßer zu groß ist. Damit er richtig rankommt, muss ich mich breitbeinig auf die Zehenspitzen stellen und er etwas in die Knie gehen, was nach wenigen Minuten beiderseits zu Schenkelkrämpfen führt. Einen günstigeren Penetrationswinkel bietet der «**Dreifuß**»: Ich wickle ein Bein um seine Taille, er stützt es mit der Hand. Wackelige Angelegenheit. Standfester wird's, wenn ich einen Fuß auf dem Fensterbrett abstelle. Aber selbst dann ist das so ein unrelaxter Balance-Akt, dass wohl kaum eine Frau so auch nur in die Nähe eines Gipfels kommt. Die rettende Idee: Ich stelle mich beidfüßig auf einen Schemel, den Rücken gegen die Wand gelehnt – alles passt, und es kopuliert sich ganz wunderbar! Es bleibt sogar Platz für seine Finger an meiner Scham, eine Kombination, die unaufhaltsam zum Gipfel führt. Erfolgreicher Stehempfang.

Mein Fazit: Wilde Bett-Akrobatik kann unterhaltsam sein, bringt Frauen aber orgasmustechnisch herzlich wenig. Gleichwohl gibt es Männer, die das noch nicht wissen und glauben, sich als grandioser Liebhaber zu beweisen, wenn sie das Kamasutra rauf- und runterturnen. Weit gefehlt: Auf dem Weg zum Gipfel darf's für uns nicht allzu anstrengend und hektisch sein. Im Gegensatz zum Manne wirkt das auf uns so störend, dass wir bei unserem Aufstieg Sisyphos gleich immer wieder zurückgeworfen werden. Meist reichen uns ein bis zwei Positionen den ganzen Akt hindurch, denn dann können wir uns voll auf Brad Pitt konzentrieren.

Was wir allerdings gern hätten, wäre etwas Abwechslung von Akt zu Akt. Klar könnten auch wir diese einleiten. Aber es törnt mehr, wenn der Lakengefährte vom eingefahrenen Weg abschweift und uns zielstrebig in eine überraschend neue Lage hievt. So was schindet Eindruck! Überhaupt ist ein guter Liebhaber auch flexibel: Er probiert ein bisschen herum (oft sind es nur winzige Modifikationen, die über Flop oder Top entscheiden!) und findet instinktiv für jede Stellung eine bequeme und stabile Haltung. So wie meiner. Ich hab ein Schwein …!

Slowsex | Liebe in Zeitlupe

Langsam wirkt manchmal schneller: Die Kunst des Slowsex und wie Catherine ein kosmisches Ereignis daraus macht.

Wamm bamm bumm bang! Dieser 20-jährige Bub ist ja recht lecker, aber er legt immer ein Tempo vor … Ich dachte, das würde sich legen, aber der jugendliche Hitzkopf hält das wohl für die Norm. Die Dampframmen-Nummer ist zwischendurch famos, um Druck loszuwerden, aber, wie mein Kollege Bittrich sagt: «Je höher das Tempo, desto mehr Feinheiten gehen verloren, desto banaler wird das Ergebnis.» Na ja, wildes Rammeln kann durchaus wilde Gipfel bescheren – mit dem Rest hat er Recht. Es soll ja beim Hardcore-Hämmern sogar schon zu Penisbruch gekommen sein, von unzähligen wunden Vaginen mal ganz abgesehen.

Wie auch immer: Ein Mann muss auch Sex in Zeitlupe draufhaben, wenn er den Ehrgeiz hat, ein guter Liebhaber zu sein.

Ich hatte vor kurzem mit meinem Dauerlover Jan einige Slowsex-Techniken ausprobiert, und die brachte ich jetzt meinem Junior bei. Grundvoraussetzung: viel Zeit – auch fürs Vorspiel, denn ohne ordentliche Erregung ist die Angelegenheit fad wie Magerquark, und man kann's gleich bleiben lassen.

Da wäre zunächst einmal Carezza (italienisch für «Liebkosung»): Ich bewege mich nicht und er nur so viel, dass er steif bleibt. Das war mit Jan etwas langweilig («Schatz, hast du was dagegen, wenn ich nebenher fernsehe?» – «Nein, wenn's dich nicht stört, dass ich 'ne Runde schlafe»), sodass wir die Idee hatten, es mit Pornovideos aufzupeppen. Aber ich merkte einmal mehr, dass sie einfach nicht für Frauen gemacht sind. Während wir uns die Genital-Parade ansahen, fragte ich mich: Wieso boomt der Markt dermaßen? Wieso holen sich die Kerle immer wieder neue

Videos? Im Grunde würde es reichen, sich eins oder zwei zu kaufen für den Dauerkonsum, denn der Inhalt ist ohnehin immer derselbe: Nahaufnahmen von Vaginal- und Analverkehr, Orales in allen Variationen, Lesbenspiele, Gruppensex und Sperma-Spritzereien.

Aber Jan schien's anzutörnen: Er wurde immer mal wieder schneller, und ich bremste ihn aus. Letztendlich musste ich, um zu kommen, die Kiste abschalten und seinen Kopf südwärts bugsieren.

Bei Junior waren Videos und ähnliche Stimuli nicht nötig, denn wir waren scharf genug aufeinander, um auch ruhigen, schlichten Genitalkontakt anregend zu finden. Allerdings konnten wir beide nicht lang stillhalten …

Zumindest war er nun ein wenig vorbereitet für die **Tao-Technik**: Der Mann darf erst penetrieren, wenn die Frau es nicht mehr aushält (wie er sie so weit kriegt, ist ein anderes Thema), und zwar langsam und millimeterweise. Dann beginnt der taoistische Takt: neunmal flach (nur mit der Eichel eindringen), einmal tief (das ganze Teil versenken), achtmal flach, zweimal tief, siebenmal flach … usw. Wenn er bei «einmal flach, neunmal tief» angekommen ist, beginnt er wieder von vorn.

Während er höchst konzentriert vorgeht, darf sie entspannen, genießen und irgendwann mal kommen oder auch abwinken. Ziel dieser Technik ist der weibliche Höhepunkt. Ob der Mann kommt oder nicht, ist völlig nebensächlich. Geht er jedoch vor der Frau ab, gilt das als Energieverschwendung und als gesundheitsschädigend.

Ich finde diese Technik überaus aufregend und wirkungsvoll. Seit ich sie mit Jan erprobte, habe ich sie allen meinen Liebhabern beigebracht, oder es zumindest versucht. Wer sie nicht hinkriegte, flog. Junior zeigte zumindest Erfolg versprechende Ansätze. Bei ihm bin ich gnädig – er ist ja noch so jung und gleichzeitig sehr entwicklungsfähig.

Wo waren wir stehen geblieben ... Ach ja, Slowsex, Kamasutra-Version: Nach dem Eindringen bleibt er total still, während ich ganz kleine Bewegungen mache, wie sie meiner Erregung zuträglich sind. Nebenbei streichelt und busselt man, er kann auch meine Lustpunkte bedienen. Prima Prinzip: Er darf erst kommen, wenn ich schon mehrmals ... Mit Jan klappte das ganz gut, denn er kannte mich in- und auswendig. Mit Junior als Neuling in Sachen Sex und Catherine noch nicht so, aber ich finde es ohnehin aufregender, wenn man an mir herumexperimentiert.

Die Tantra-Version geht so ähnlich. Stillhalten seinerseits, intravaginales Pimmel-Walken meinerseits, jedoch mit diversen rituellen Zutaten: Yab-Yum-Stellung (er im Schneidersitz, ich auf seinem Schoß, die Beine um seine Hüften), man schaue dem andern intensiv in die Augen, atme langsam und tief im selben Rhythmus, meditiere in seine «Chakren» hinein und konzentriere sich auf die kosmische Verschmelzung von Yin und Yang. Oder so.

Mit dem guten alten Jan war das ein Flop: erstens, weil sein Schwanz eher schmal war und ich, um genug von ihm zu spüren, ständig meine Scheidenmuskeln anspannen musste: anstrengend statt antörnend! Zweitens, weil er sich nicht so recht drauf einließ («hör mir auf mit dem Esoterikquatsch»).

Junior hingegen hat Spaß an solchen Spielereien; ich auch. Mit einem neuen Lover, auf den man heftig scharf ist, ist ja fast alles heiß, vor allem, wenn seine Ausstattung von nennenswertem Umfang ist. Der sorgt auch bei Bewegungslosigkeit für angenehm ziehendes Ausgefülltsein.

Wir sehen uns an und wiegen uns leise im Takt unseres Atems, und auf einmal beim Kuss hab ich das Gefühl, die Lust fließt von Mund zu Mund, von da zum Unterleib und geht dort wieder auf den anderen über ... Ein sexueller Kreislauf ... Übersinnlich! Kosmisch! Himmlisch!!!

Sexzeiten / Timing

Sex-Premiere | Das erste Mal mit ihr im Bett

Endlich – die erste Liebesnacht mit Ihrer neuen Flamme steht an. Catherine sagt Ihnen, wie Sie auch eine zweite bekommen.

Als Frau ahnt man ja, wann die Bettpremiere mit einem neuen Kandidaten stattfinden wird, und ist etwas aufgeregt, weil diese Nacht meist entscheidet, ob man ein Paar wird oder nicht. Jedenfalls ist das bei mir so. Wenn mir auch nur ein bisschen was an ihm liegt, bereite ich mich vor: baden, enthaaren, eincremen, parfümieren, neue Bettwäsche, nette Dessous, Vibratoren verstecken. Und hoffe, dass er zumindest keine löcherigen Stinkesocken oder ollen Unterhosen mit inwändigen Flecken anhat. Leider sieht man so was ja erst, wenn es schon zu spät ist; ansonsten wären sie nämlich ein K.o.-Kriterium, genauso wie schlechter Atem (Zwiebeln? Hundefutter? Magenprobleme?) und schlechte Manieren (isst wie ein Bauer = poppt wie ein Bauer). Zum Glück kriegt man Mundgeruch und Manieren schon vorher mit.

In der Regel werden wir vorher ausgehen und uns ein wenig lockertrinken. Die Frage «Zu mir oder zu dir?» erübrigt sich meist, weil üblicherweise er mich heimfährt. Bei mir fühle ich mich ohnehin wohler – auf eigenem Terrain glaube ich die Lage besser im Griff zu haben; zu ihm müsste ich außerdem eine Menge Trödel mitschleppen: Zahnbürste, Abschminksachen, Waschzeug, Kosmetika für den nächsten Morgen, frische Unterwäsche, frische Oberbekleidung. Während Männer selbst das Zähneputzen gern überspringen.

Also die klassische Situation: Aus dem Abschiedskuss im Auto wird eine handgreifliche Knutscherei. Wer's jetzt zu eilig hat, den Inhalt meiner Unterwäsche zu erforschen, kriegt die gelbe Karte, wenn nicht Platzverweis. Aber wenn er dann – frühestens nach einer Stunde (!) – meine Brust erobert hat, flüstere ich: «Nicht hier! Gehen wir nach oben …» Es folgt dieser ernüchternde Moment, in dem man die Treppenhausbeleuchtung anschaltet und man schweigend nebeneinander die Stufen hochgeht voller Ungewissheit, ob man nun wirklich miteinander ins Bett geht bzw. gehen sollte, und überhaupt: Soll man sich drinnen vorerst ganz kultiviert aufführen? Gepflegt was trinken und abwarten? Oder gleich angreifen? Ihm würde ich raten, es zurückhaltend anzugehen – so kann ich ihm hinterher nicht vorwerfen, er hätte mich genötigt. Und immerhin hat diese Seidenbluse einen Haufen gekostet. Vielleicht sollten besonders heißblütige Männer vorher onanieren, damit sie nicht wie brünstige Orang Utans auf Autopilot über die Frau herfallen.

In meiner Wohnung mache ich erst mal Licht (weil ich ja nicht gleich Kerzen zur Hand habe), was wiederum etwas ernüchtert, und das versuche ich zu überbrücken, indem ich einen Drink anbiete. Natürlich sagt er ja, denn Alkohol entspannt. Einer meiner Debütanten folgte mir dann in die Küche, umarmte mich von hinten und bedeckte meinen Nacken mit leidenschaftlichen Küssen, die mich so in Wallung brachten, dass ich das Weinentkorken übersprang. Aber normalerweise setzt man sich ganz gesittet nebeneinander aufs Sofa, trinkt, redet dummes Zeug und fragt sich insgeheim, wer den Anfang machen soll, denn jetzt wird's ja ernst. Ich persönlich schätze es nicht, wenn sein Arm wie zufällig von der Sofalehne auf meine Schulter rutscht und sein Oberschenkel gegen meinen reibt. Wir wissen doch beide, wozu wir da sind. Ich fände es gut, wenn er mir ganz nonchalant das Glas aus der Hand nimmt, es abstellt und mich küsst. Er kann mir auch ganz nah ins Ohr hauchen, wie süß er mich findet, was zu spontanem Kribbeln im Unterleib führt und es mir leichter macht, ihn zu küssen.

Traditionellerweise folgt ein halbes Vorspiel auf der Couch, dann der Wechsel ins Schlafzimmer. Das ist schön schummerig, da sieht er nicht gleich meine beginnende Zellulite. Zudem kann ich auf dem Weg dahin kurz im Bad verschwinden, und ich begrüße es sehr, wenn auch er davon Gebrauch macht. Bloß, was tut er, während ich im Bad bin? Macht er sich schon mal frei und haut sich in die Kiste? Wirkt voreilig. Aber er kann Schuhe und Sakko bzw. Pullover ausziehen und sich auf die Kante setzen, um dort lässig in herumliegenden Magazinen zu blättern.

Was dann folgen sollte (aber leider selten von ihm kommt): die Verhütungsfrage. Logisch, dass ein klasse Typ Kondome befürwortet. Allerdings habe ich keins zur Hand: Das könnte ja so aussehen, als hätte ich damit gerechnet, ihn flachzulegen! Oder als schliefe ich so in der Gegend herum und hätte für alle Fälle immer was mit. Aber Männer dürfen und sollten Gummis mit sich tragen. Zeugt von Verantwortungsbewusstsein.

Also es geht los. Nun ist auch er ein bisschen aufgeregt; er glaubt, wenn er jetzt keine «Leistung» zeigt, stehe er als kläglicher Versager da. Angeblich hat jeder dritte Mann Muffensausen, dass er bei der Erstbesteigung keinen hochkriegt oder sein Turm während des Überzieher-Gefummels zusammenbricht. Hab ich aber nur selten erlebt. Weitaus öfter will einer den gewieften Liebhaber rauskehren; doch das ist bei Frauen gar nicht so gefragt. Zum Beispiel ist uns Oralverkehr beim ersten Mal oft zu intim, vor allem, wenn man vorher keine Waschung vorgenommen hat. Und ihn von uns zu verlangen ist unangebracht, auch wenn der Herr sich vorher noch so schön ausgemalt hat, wie sich sein Goldstück zwischen unseren Lippen ausnähme.

Oder er veranstaltet einen Stellungsmarathon: oh je. Das wirkt meist so routiniert-unpersönlich. Bestimmte Positionen sollte man auch nicht gleich zu Anfang avisieren. Neulich etwa hat mich einer nach der Probebohrung unverzüglich umgedreht und von hinten attackiert. Das fühlte sich an, als wolle er sich nur an mir austoben, was ja besser geht, wenn man sich dabei nicht ins Gesicht sieht. Lieber ein ganz schlichtes Nümmerchen, bei dem man sich nett anschauen kann! Wenn wir Frauen gewisse Praktiken wünschen, geben wir das schon zu erkennen.

Viele versuchen auch, uns auf Teufel-komm-raus einen Höhepunkt zu bescheren. Das artet dann oft in stimmungstötende Verbissenheit aus, zumal viele Frauen sich bei einem Neuen noch nicht genug fallen lassen können. Wir erwarten in der ersten Nacht weder Orgasmen noch sonstige «Leistung». Wir erwarten Innigkeit und Zärtlichkeit. Überschütten Sie uns damit, und zeigen Sie, wie sehr Sie die Zusammenkunft genießen – dann können Sie kaum noch was falsch machen. Und zumindest die nächsten paar Nächte haben Sie dann auch schon in der Tasche.

ONE-NIGHT-STAND | Sex und hopp!

One-Night-Stands sind Sex pur und herrlich unkompliziert. Finden Männer. Frauen eher nicht, betont Catherine.

One-Night-Stands befreien vom Druck und kicken das Ego – ohne Verpflichtungen, Komplikationen, Beziehungsdiskussionen … feine Sache also, meinen Männer. Umfragen zufolge ist mindestens jeder zweite einem gelegentlichen flüchtigen Abenteuer nicht abgeneigt. Nur: Unter den Frauen sind es nicht mal halb so viele. Aber wenn Sie sich gut umsehen, finden Sie immer eine zum Abräumen.

Nehmen wir mal mich. Ich bin zwar kein ausgesprochener One-Nighter, aber hin und wieder lege ich's doch drauf an. Etwa wenn mich gerade wieder mal ein Kerl schmählich abserviert hat. Also schmeiße ich mich in einen heißen Fummel und gehe allein aus, in eine Bar, wo viele Singles herumhängen. Trabt dann einer an, der mir das Gefühl gibt, ich wäre die sexieste Frau alive, hat er schon einen Fuß in meinem Bett.

Bars sind die besten Aufriss-Orte, denn ihr Daseinszweck sind der Konsum von Alkohol und mithin auch das Gefügigmachen von Frauen. Je mehr Drinks ein Big Spender in mich investiert, desto eher lasse ich meinen Trieben freien Lauf und desto verführerischer erscheint er mir. Wen interessiert zu dem Zeitpunkt schon der Schreck am nächsten Morgen! Und wenn er später anbietet, mich heimzubringen, weil ich sowieso nicht mehr fahren kann, mich «sicherheitshalber» auch noch nach oben begleitet und dort mit lüsternen Küssen und Fingern bedeckt, bin ich geritzt.

Das Schöne am One-Night-Stand: Jeder bedeutet ein aufregendes erstes Mal. Wie wird sein nackter Körper sein? Sein Schwanz? Was wird er mit mir machen? Das Blöde ist bloß: War die Nacht klasse, und ich finde den Typen auch nüchtern noch klasse, bin ich verknallt. Und erwarte mehr. Telefoniere ihm hinterher, will ihn wieder sehen. Verweigert er sich und ich begegne ihm irgendwo, kriegt er diesen vorwurfsvollen «Du-hast-mich-nur-benutzt-Blick» oder Vorhaltungen («Warum hast du dich nicht gemeldet?»). Wehe, er setzt sein Arschloch-Verhalten fort. Dann flüstere ich seiner Partnerin oder Begleitung was. Dass er ein übler Aufreißer ist, bei dem sich Frauen höchstens irgendwelche Geschlechtskrankheiten holen können. Nun fragt sich: Wie vermeiden Sie derlei?

Tatsache ist, dass viele Männer die Gefühlsschiene fahren, um eine Frau rumzukriegen. Sie suggerieren ihr, genau diejenige zu sein, auf die sie immer gewartet haben. Ich hatte schon einige Typen, die mich monatelang anbalzten, um gleich nach der ersten Nacht auf Nimmerwiedersehen abzutauchen (das lässt keine auf sich sitzen! Rache!!). Oder mir, wenn ich Telefonterror mache, solchen Schwachsinn erzählen wie «Ich bin doch noch nicht bereit für eine Beziehung». Klar ist dieses «Auf-verliebt-Machen» die treffsicherste Abschuss-Taktik. Aber eben mit oben genannten Gefahren. Deuten Sie besser schon vorher an, dass Sie nicht der Mann fürs Leben sind. Wenn Sie allerdings zu direkt vorgehen («das ist jetzt aber nur für eine Nacht!»), torkeln Sie wahrscheinlich allein nach Hause. Nicht nur einmal wurde ich schon am Abend des Kennenlernens gefragt: «Gehen wir zu mir oder zu dir?», oder auch: «Ich hätte Lust, dich zu vögeln. Wie wär's?» Das ist viel zu plump, und ich fühle mich bedrängt und genötigt.

Sich vor einem Unbekannten nackt auszuziehen und ihn in alle möglichen Körperöffnungen zu lassen bedeutet für eine Frau immer ein Sicherheitsrisiko – es rennen ja genug Perverse herum. Folglich ist sie williger, wenn sie glaubt, die Fäden in der Hand zu halten. Sie sollte also von selber auf die Idee kommen (oder zumindest das Gefühl haben), dass eine Nacht mit Ihnen erstens gefahrlos ist und zweitens richtig nett werden könnte. Die erfolgreichsten Abschlepper aus meinem Bekanntenkreis sind nicht die Traummänner oder die verwegenen Abenteurer, sondern die lustigen, Vertrauen erweckenden Kumpeltypen. Sie sind charmant, reden von Sex wie echte Genießer und wissen, was sie wollen, ohne mich in die Enge zu treiben. Sie machen mich glauben, ich verpasse was, wenn ich sie heute Nacht nicht mitnehme.

Eine andere viel Erfolg versprechende Masche ist die, ein bisschen hilfsbedürftig zu wirken. Einer erzählt zum Beispiel: «Mein Problem ist, ich habe so eine Sehnsucht nach Nähe, Kuscheln, neben jemandem einschlafen. Aber ich kann momentan keine Bindung eingehen: Ich habe gerade eine total schreckliche Trennung hinter mir.» Kurzum, Sie sollten Ihrer Beute vermitteln: Spaß und/oder Zärtlichkeit: ja, Beziehung: nein. Denn dann können Sie ihr hinterher, falls sie Ansprüche stellt, sagen: «Ich hab dir nie was vorgemacht.»

Zur Vorbeugung sollte ein Mann außerdem:

a) nicht im eigenen Revier wildern und schon gar nicht in seinem Stammlokal. Mädels warnen einander, etwa mit Klosprüchen («Thomas F. ist ein fieser Stecher!»). Ideal sind Urlaube, da sind Frauen ohnehin am gamsigsten, Geschäftsreisen, Friseusen-Discos in Vororten;

b) weder seinen Nachnamen noch seinen Arbeitsplatz noch seine Telefonnummer preisgeben. Am besten, man gaukelt vor, Pilot zu sein, also schlecht zu erreichen, und bittet sie um ihre Nummer. Oder man gibt ihr, wenn sie drauf besteht, halt eine Telefonnummer (etwa die der Krisenberatungsstelle);

c) nie in seine Wohnung gehen, sondern immer in ihre, denn da kann er

d) abhauen, wenn er sich ausgetobt hat, statt bei ihr zu übernachten – das kompliziert die Sache meist. Und ein ehrlicher Abgang («Ich schlafe lieber in meinem eigenen Bett») ist meist besser als durchsichtige Ausreden («Muss Mama vom Flughafen abholen»);

e) nicht zu schmusig sein – da wird bei Frauen nämlich so ein Hormon ausgeschüttet, das sie dazu bringt, sich zu verlieben (heißt *Oxytocin*). Nehmen Sie sich einfach, was Sie wollen, scheren Sie sich einen Dreck um die Olle, versuchen Sie, an ihr Praktiken auszuprobieren, die Sie sonst nicht kriegen – garantiert ist sie auf keine zweite Nacht scharf!

Falls Sie trotz dieser Abschreckungsmaßnahmen schon die Hochzeitsglocken in ihren Augen sehen, sollten Sie etwas vom Stapel lassen wie: «Hab ich dir eigentlich erzählt, dass ich verheiratet bin/morgen wieder in den Knast muss/bei Mutti wohne/ …?»

Ich rate Ihnen das alles, obwohl es nicht nett gegenüber meinen Geschlechtsgenossinnen ist. Aber so wissen wir wenigstens, woran wir sind. Was zum Beispiel nicht der Fall ist, wenn Sie sich mit diesem abgedroschenen «Ich ruf dich an» verdünnisieren. Ersparen Sie's uns, wenn Sie's nicht wirklich vorhaben. Sonst umkreisen wir tagelang unser Telefon und zermartern uns das Hirn, wie wir an Ihre Nummer kommen können, um Sie unter irgendwelchen fadenscheinigen Vorwänden anzurufen.

Quickie | Liegt die Würze in der Kürze?

Der kleine Orgasmus zwischendurch, ohne viel Drumherum – das hätten Männer gern öfter. Unter welchen Voraussetzungen auch Frauen auf Quickies stehen, verrät Catherine.

Von Guido bekam ich zwar regelmäßig was Warmes in den Bauch – aber immer nur die 5-Minuten-Terrine. Er war zu «busy» mit seiner Karriere: immer in Eile. Entweder war er auf dem Sprung oder todmüde und wollte von daher keine Zeit in ausgiebige Sexspielchen investieren. Mehr als Quickies waren kaum drin – und bei mir war bald gar nichts mehr drin. Ich bin doch keine Trieb- und Sperma-Entladestation! Es war auch nicht so, dass Guido nicht länger gekonnt hätte – so zwei- oder dreimal (jeweils sonntags, glaube ich) innerhalb unserer fünfmonatigen Laufzeit hatte er mich mindestens eine halbe Stunde beglückt. Aber sonst sagte er meist nur: «Schatzili, ich muss gleich los», oder: «Ich muss morgen sehr früh raus.» Zwischendurch kann Fastfood ganz prima sein, aber wenn's fast nichts anderes gibt als Schniedel-reinhalten-abschütteln-fertig, sinkt der Fun-Faktor unter null. Ich gehöre ohnehin zu den 97 Prozent Frauen, die beim Quickie keinen Orgasmus haben – wenn man den Quickie als Akt von maximal zehn Minuten definiert: Vorspiel gibt's kaum, Nachspiel schon gar nicht. Nun mögen Sie sich fragen, ob eine Frau, die bei Kurznummern zu kurz kommt, überhaupt etwas daran finden kann. Oh ja, durchaus.

Zum Beispiel an einer mit Uwe, einem Ex-Lover: Er musste morgens zur Arbeit, machte aber auf dem Treppenabsatz kehrt, um mich stürmisch zu packen, heftig zu küssen und aufs Sofa zu werfen. Er riss mit der einen Hand mein Höschen herunter, mit der anderen öffnete er Lucky-Luke-mäßig seine Hose und nahm mich einfach. Normalerweise hätte er nicht so leichtes Spiel gehabt, aber hier – es war einfach … geil. Wie kommt's? Ich fühlte mich begehrt. Er wollte nicht nur Druck loswerden, er meinte mich, er musste mich haben, jetzt sofort, obwohl er einen wichtigen Termin hatte … Für einen gelungenen Kurzschuss muss eine Frau am besten entweder genau im gleichen Moment Lust drauf haben (leider selten gegeben), oder ihr Widerstand muss gesenkt sein. Durch Alkohol oder, wie im geschilderten Fall, durch Schlaftrunkenheit. Und ich hatte noch Restlust von der vergangenen Nacht, in der wir heftigen, wilden, schwitzigen … na, Sie wissen schon. Nach so einer Nacht ist der weibliche Unterleib oft noch … ähem, irgendwie offen. Denn wie die meisten Frauen laufe ich nicht dauergeil und immerfeucht durch die Gegend, es sei denn, ich bin frisch verliebt oder habe eine heiße Affäre, wo man sowieso zweimal am Tag aufeinander herumliegt und dazwischen auch noch schlüpfrige Telefonate führt. Will sagen: Wenn Sie Ihren Steifen ohne Gleit-Feuchte ins trockene Döschen stopfen, fühlt sich das ungefähr so an, als ob ich versuchte, meinen großen Zeh in Ihrem Nasenloch zu verstauen.

Sie als Mann haben's leicht: Ist der Reiz stark genug, schnellt Ihr Dödel in Nullkommanix hoch, beziehungsweise von null auf hundert (Grad), und dann kann's losgehen. Eine Frau braucht dagegen erst die eine oder andere Art von Vorbereitung. Für eine rasch eintrittsbereite Pforte tut's vielleicht auch eine Portion Handcreme. Aber Vorsicht, denn «nie tat es wea als mit Nivea»! Netter ist es allemal, wenn Sie kurz runtergehen und Ihre Nase eintauchen. Oder nehmen wir mal an, Sie sind unterwegs mit Ihrer Freundin und plötzlich höllenspitz auf sie. Da können Sie auch ein wichtiges Sexualorgan aktivieren, nämlich ihren Kopf. Das funktioniert aber nur, wenn entweder a) Ihrer beider Vorstellungen zueinander passen oder b) Sie mit der sexuellen Gedankenwelt Ihrer Begleiterin einigermaßen vertraut sind.

Beispiel: Besagter Uwe und ich saßen beim Franzosen; wir speisten gerade ein hochgepflegtes *hors'd'* an *feuilles de* irgendwas, als er mich lüstern ansah und flüsterte: «Ich bin tierisch scharf auf dich, am liebsten würde ich dich gleich unterm Tisch vernaschen.» Derlei Dirty Talk ist bestens geeignet, um den Funken bei mir zu zünden; höchst ungeeignet hingegen war das, was ein anderer bei ähnlicher Gelegenheit zu mir sagte: «Wie wär's mit 'ner kleinen *Spritz*tour? Bist du auch schon gut nass?» Mit Jörg verschwand ich flugs in der Restaurant-Toilette; bei dem anderen ging ich ebenfalls aufs Klo – und ab durch den Notausgang.

Sicherer als wilde Worte sind natürlich Ihre Finger an/in ihrer Intimzone. Und zwar unauffällig platziert, verdeckt durch Ihre Jacke, ein Handtuch etc. Derlei halb öffentliche Intimitäten – etwa im Kino, im Bus, im Freibad – können Frauen ganz schön heiß machen, viel heißer, als wenn Sie ihr im trauten Heim unvermittelt in die Steckdose greifen. Wenn Ihre Süße aufgeschlossen genug ist, können Sie sie auch bitten, unterm Kleid keinen Slip anzuziehen. Wundern Sie sich nicht, wenn sich zwischen ihren Füßen erwartungsfroh eine Pfütze bildet.

Also: Wenn Sie einer Frau Quickies schmackhaft machen wollen, müssen Sie sich nach ihren Vorlieben richten; das gilt auch für die Lokalität. Männer mögen Sex im Auto, weil das ohnehin ihr zweites Zuhause ist. Männer mögen Sex im Büro (ihr erstes Zuhause) und in Hobbykeller/Garage (ihr drittes Zuhause). Frauen mögen Orte, die romantisch sind (Strand, Wiese, Waldlichtungen, güldene Nobelhotel-Fahrstühle) oder zu ihrem persönlichen Nahbereich gehören: Umkleidekabinen, Badewanne, Solarium, Küche. Da können Sie sie hinlotsen und überrumpeln.

Außerdem muss ein Quickie nicht immer spontan oder überfallartig sein; es kann sehr erregend sein, wenn man sich dazu verabredet (im Büro, in der Sauna, im Zug …). Vorausgesetzt, sie hält Ihren Ständer noch für etwas Erfreuliches, bereitet die Vorfreude dann schon den Zugang vor. Denn selbst ohne Orgasmus kann eine Blitznummer ganz schön aufwühlen – animalischer Sex, gierig und schmutzig …

Weibliches Sex-Timing | Stoßzeiten

Allzeit bereite Frauen sind rar. Bei der weiblichen Mehrheit müssen Sie die günstigen Zeiten kennen, um Ihre Sexquote zu erhöhen.

Neulich hatte ich einen Traum: Ich liege nackt auf einem Rasen und lasse mir wohlig die Sonne auf den Pelz scheinen, als ich plötzlich merke, dass sich ein Dobermann zwischen meine Beine geschlichen hat und dort herumschlabbert! Ich finde das ziemlich angenehm (ist das pervers? Hey, ist doch nur ein Traum!), bis das Vieh anfängt, penetrant zu hecheln. Da erwachte ich und stellte fest: Es war mein Lover. Der alte Lüstling! Ausnahmsweise ließ ich ihn in der Löffelchenstellung beiwohnen, denn da habe ich den Atem des Todes und seine Bartstoppeln nicht direkt im Gesicht.

Obwohl er in der Frühe ewig nicht in die Puschen kommt – Sex geht immer. Sein erster Griff nach dem Aufwachen: an meine Aus- und Einbuchtungen – «prüfen, ob alles noch da ist». Was er eigentlich damit zu erreichen hofft, ist, dass ich vielleicht an diesem einen Morgen zufällig irgendwelche Gelüste verspüre. Aber die sind anderer Natur: Ich will aufstehen, Morgentoilette machen, frühstücken. Mein Kreislauf braucht das zügige Aufstehen, den Schwall kalten Wassers im Gesicht, einen Eimer Kaffee und etwas Kraftfutter, um überhaupt in die Gänge zu kommen. Davor bin ich unbrauchbar, matschig und bräsig. Und da will mein Kerl mir zumuten, dass ich trotz unserer Ausdünstungen intim verkehre?! Man hat Mundgeruch, als hätte man aus der Mülltonne gefrühstückt, und den ganzen Körper umgibt so ein Nachtschmadder-Mief. Puh! Frauen sind halt geruchsempfindlicher und hygieneanspruchsvoller als Männer, ich hab das woanders bereits erwähnt, aber ich werde nicht müde, es zu sagen.

Nun lieben ja die meisten Männer Frühsport – im Bett. Da ist der Lusthormon-Pegel am höchsten, und das Ding steht schon, muss man nur noch einführen – gerade bei Erektionsstörungen eine feine Sache!

Mein Kumpel Oli (ein bekennender Macho) sagt: «Über Nacht fließt alles Blut vom Körper in den Schwanz, man erwacht von einem deftigen Traum, und dann will ein Mann nichts anderes als sich ohne großes Vorspiel seiner Erektion entledigen, für Vorspiel ist er nämlich noch zu rammdösig, und dann abrollen, der Frau einen Stoß mit dem Ellbogen geben, damit sie in die Küche huscht und Kaffee kocht, den sie ihm dann zusammen mit Alka Seltzer direkt ans Bett bringt. Und am besten bei der ganzen Aktion kein Wort reden müssen.»

Da haben wir ja schon mindestens drei Gründe, warum Frauen meistens Morgensex-Muffel sind. Hier kommt noch einer: Allein schon, dass man beim Aufwachen pinkeln muss …! Während das beim Manne für einen prachtvollen Ständer sorgt, ist es für uns Mädels nicht so toll, wenn er unsere prall gefüllte Blase durchwalkt. Entleeren gehen finde ich ebenso stimmungskillend. Morgensex, wenn schon, soll spontan sein, sich so aus dem süßen Halbschlaf entwickeln … Wenn ich erst mal im Bad bin, kann ich mir auch gleich die Zähne putzen, duschen und dann meine lebensrettende Koffein-Injektion aufsetzen. Noch ein Gegenargument: Normalerweise muss ein Mensch ja zur Arbeit oder (wochenends) zum Essen bei Muttern oder zum Sport-Date, darum gibt's nach dem Aufwachen meist nur Kurznummern, denn wer stellt sich schon eine Stunde vorher den Wecker? Und lasse ich ihn dann doch ran, sagt er abends womöglich: «Mausi, wir hatten heut ja schon.» … Ja toll, ein Zehn-Minuten-Quickie, sehr befriedigend, danke.

Kürzlich fand Schatzi so einen Zeitungsartikel, dass Sex belebend wirkt, das Immunsystem stärkt etc. «Das ist der Beweis!», quäkte er, «Pimpern am Morgen vertreibt Krankheit und Sorgen!» Ich sagte nur: «Wanking in the morning time is better than a

Haferschleim – mach's dir doch selber!» Wenn er morgens unbedingt vögeln will, soll er mir Frühstück ans Bett bringen. Allerdings ist dann die Chromopila (chronische Morgenpisslatte) futsch.

Sex mittags ist auch nicht der Hit, weil man so um 13 Uhr herum ein fettes Leistungstief hat (sagen die Chronobiologen, weiß aber auch jeder, der in einer Kantine speist). Ich hatte mal eine Affäre mit einem Verheirateten. In seiner Pause trafen wir uns immer im Hotel. Die Liaison fand ein Ende, weil er jedes zweite Mal keinen hochkriegte oder ich einschlief. Die Mittagsstunde eignet sich besser für ein Nickerchen im Büro.

Nachmittagssex soll ja was Luxuriöses haben, weil man's als viel beschäftigter Mensch selten bewerkstelligen kann. Viele Frauen finden Kopulieren am helllichten Tag gar nicht so luxuriös, weil es ernüchternd auf sie wirkt, seinen Pimmelschmadder in Reinkultur betrachten zu können und er ihre Kleinteile. Außerdem fällt ihnen bei solchen Gelegenheiten immer wieder auf, wie großporig doch die Haut von Männern ist und wie viel Haare aus ihrer Nase wachsen. So mitten am Tag kommt bei ihnen sowieso selten Stimmung auf. Jedes Mal, wenn sie da doch mal versaute Sachen machen, klingeln ihr Telefon und sein Handy unentwegt, oder die Zeugen Jehovas kommen überraschend zu Besuch, oder jemand nebenan bohrt Löcher in die Wand. Aber die Weiber sollen sich nicht so haben, man kann ja die Vorhänge zumachen und alles abstellen, was stören könnte. Ich selber bin für ausgedehnte Nachmittagsnummern gern zu haben, vor allem im Urlaub, weil mich da die Nachbarn nicht noch monatelang schief angucken, wenn ich schreie wie die Sau am Spieß.

Zwischen 18 und 20 Uhr soll man laut Wissenschaft dann die zweite Tages-Hochform haben, und die Sinne sollen am empfänglichsten sein. Auch das Licht ist schon etwas gnädiger, und man ist relaxter, weil man sein Tagwerk hinter sich hat. Ich finde, das ist die beste Sex-Zeit, jedenfalls *vor* dem Essen. Viele Männer denken,

Frauen hätten am liebsten zauberhafte Dinners, um danach bei Kerzenschein verführt zu werden. Falsch. Nach dem Essen ist es zu anstrengend, den Bauch einzuziehen, wenn ich auf ihm sitze. Außerdem, je später der Abend, desto langsamer meine sexuellen Reaktionen – auch der Orgasmus. Dauert mir oft alles zu lang. Meinetwegen kann er mich in den Schlummer kneten, aber nicht ewig auf mir rumjuckeln ...! Außer es ist Vollmond. Wenn der so prall zum Fenster reinleuchtet, wird mir ganz kosmisch zumute, und schlafen kann ich sowieso nicht, also warum soll man im optisch günstigen Silberschein nicht ein bisschen ferkeln ...

Übrigens, irgend so ein US-Psychologe namens Block empfiehlt doch allen Ernstes, sich nachts 90 Minuten nach dem Einschlafen wecken zu lassen, weil da eine spontane Erregung entstehe und der Kopf frei von Alltagsmüll sei. Saublöde Idee. Der Mann, der es wagt, mich aus dem Tiefschlaf zu reißen, nur weil ihm grad was steht, kriegt höchstens dicke Eier – von meinem Tritt.

Aber nicht nur Tages-, sondern auch Jahreszeiten bestimmen unsere Brunst. Männern juckt's zum Beispiel im Sommer in den Lenden, weil die Frauen da am wenigsten anhaben. Wir bevorzugen den Frühling, weil alles so romantisch erwacht und blüht und knospt, während im Sommer Haut an Haut zweier sexuell tätiger Menschen durch den Schweiß oft so unerotisch schmatzt und furzt.

Und es gibt noch so ein paar Tage im Monat, an denen ich fast jederzeit zugänglich bin: um den Eisprung herum. «Eisprung??», fragen Sie jetzt. Ja, das dachte ich mir. Welcher Mann hat schon Ahnung vom weiblichen Zyklus, außer dass regelmäßig diese rote Woche auftaucht, in der er kaum ran darf. Eisprung bedeutet, dass eine Eizelle in die Startlöcher hüpft. Eine Frau, die nicht die Pille nimmt, ist dann befruchtungsbereit, also sorgt die Natur für Paarungswilligkeit, sprich, die Gute ist geiler als sonst.

Tiere haben das auch. Bei den Pavianweibchen etwa schwillt die Vulva an und wird knallrot – schon von weitem gut zu erkennen. Zudem signalisiert ein deutlicher Geruch dem Männchen: Nimm mich! Ist er begriffsstutzig, hockt sie sich vor ihn hin und streckt ihm das Hinterteil entgegen. Traumhaft, was? Im Gegensatz dazu ist dieser Zeitpunkt bei Menschinnen kaum zu erkennen. Nur ihr Scheidenschleim ist flüssiger – also forschen Sie nach verstärkter Feuchtigkeit und Slipeinlagen! Oder Sie rechnen einfach: 10 bis 14 Tage nach dem ersten Tag ihrer Regel, das kommt so in etwa hin. Dann können Sie ja mal die Dobermann-Masche ausprobieren …

Nachspiel | Und täglich grüßt das Murmeltier

Was wollen Frauen nach dem Sex? Auf keinen Fall Penner oder Nestflüchter, warnt Catherine.

Für mich ist es das beste Nachspiel, wenn mein Bezwinger mich loskettet und mir die Augenbinde abnimmt; oder nee: wenn er mich nicht auf dem nassen Fleck schlafen lässt … Scherz beiseite – wie fast jede Frau bin ich mit der üblichen Nummer oft nicht zufrieden und will noch was nachgeschoben haben. Bitte nicht allzu wörtlich nehmen! Öfter gefragt ist «Kuscheln». Laut Umfrage eines berühmten Sex-Blattes tun das angeblich 59 Prozent der Deutschen «danach». Schön wär's. Wen haben die da bloß befragt – frisch verliebte Pärchen? Falls nicht, glaube ich das höchstens, wenn damit «aneinander schmiegen und einschlafen» gemeint ist. Wirklich kuscheln, also küssen, streicheln, Löffelchen spielen, Lippenfürze und derlei nette Sachen, das macht höchstens jeder fünfte bis siebte Mann mit einiger Regelmäßigkeit.

Dabei ist das Nachspiel oft das, worauf eine Frau sich am meisten freut! Typisches Beispiel: Beim Verkehr marschiert er ganz zielstrebig drauflos, Marke «Speedy Gonzales», ich lasse ihn gewähren und das Tempo angeben, immerhin habe ich ja auch Lust. Aber danach erwarte ich anständigen Après-Sex, und zwar genau das, was vorher zu kurz gekommen ist: Zärtlichkeit oder Höhepunkt oder auch beides. Keine Gnade, Herzchen …

Falls er dann einen auf schlapp macht («Oh nein, Schatz, nicht schon wieder die Tennisarm-Nummer …!») oder sogar gleich wegdöst, bin ich leicht enttäuscht bis nachgerade frustriert. Ja, tut das einer durchweg, zweifle ich gar an seinen Gefühlen für mich! Auf einer Skala von 1 bis 10 belegt das den höchsten Schmollfaktor, nämlich 10. Früher gab's immer ein Finale – liebt er mich nicht mehr? Glaube er bloß nicht, er könne sich der Nachbereitung entledigen, indem er mir «I love you» ins Ohr grunzt. Oder indem er was von irgendeinem ominösen Schlummer-Hormon brabbelt, das angeblich nach dem Orgasmus des Mannes ausgeschüttet wird. Also nach meinem Höhepunkt bin ich zwar auch schön entspannt, aber ich verfalle nicht unversehens in komatöse Zustände. Ach, Männer sind andere Menschen? Wahrscheinlich schwächen die Unmengen von Spermaverlusten dermaßen. (Gut, es soll ja auch Frauen geben, die *danach* vom Mann abfallen wie voll gesogene Zecken und direkt vom Beischlaf zum Tiefschlaf übergehen; aber da hatte er während des Akts wohl auch mit ihrer Bierfahne zu tun.)

Zugegeben: Der männliche Part verausgabt sich im Durchschnitt beim Vögeln vielleicht etwas mehr als unsereins. Man hat das mal mit einem Hundert-Meter-Sprint verglichen. Bloß, ich habe noch nie einen Sprinter gesehen, der nach seinem Lauf ein spontanes Nickerchen auf dem Rasen einlegt.

Ist Sex tagsüber die Lösung? Eher nicht, denn statt der Schnarch-Flucht gibt's dann höchstwahrscheinlich Bettflucht und wilden Aktionismus ... Einer meiner Lover erklärte das so: Sein Erguss erzeuge eine Art Vakuum, er fiele also in eine Art Loch, das angefüllt werden möchte durch Schlaf, Essen, Fernsehen oder andere Tätigkeiten. Er habe alle seine Konzentration auf die Nummer gelenkt, und danach fühle er sich buchstäblich «ausgepumpt». Wenn er damit fertig sei, wolle er mit Erotik, Hautkontakt und dergleichen nichts mehr zu tun haben.

Wie ich im Nachhinein feststellte, hatte dieser Mensch immense Probleme mit Nähe. Die entsteht beim Sex, aber das ließen ihn vorübergehende triebbedingte Bedürfnisse vergessen. Waren sie gestillt, musste er sich sofort sämtlicher Intimität entledigen. Es wurde ihm sonst zu viel. (Er war übrigens derjenige, der immer «zu müde» gähnte, wenn ich ihn hinterher um einen Handgemachten bat. Hallo, Thorsten, du Blödmann!) – Ich schätze, es geht *einigen* Männern so. Darum müssen so viele so hurtig aufstehen und gehen: Schmollfaktor 8. Oder sie versuchen eine halbe Stunde lang eifrig, meine Körpersäfte restlos von ihrem sonst so klinisch reinen Leib zu entfernen: Schmollfaktor 6. (Eine Kurzwaschung einbezogener Kleinteile ist übrigens gestattet.)

Kurz und gut: Wurde beim Akt mein Verlangen nach Streichelorgien, schmutzigen Spielchen und multiplen Orgasmen voll befriedigt, brauche ich keine Verlängerung. Obwohl – wenn einer sich mehr oder weniger direkt nach seinem letzten Ejakulationsseufzer von mir abrollt, mir den Rücken zukehrt, und das Nächste, was ich höre, Rasseln, Röcheln, Sägen ist – dann bin ich doch befremdet. Irgendwas Nettes zum Abschluss sollte schon sein. Nein, damit meine ich nicht die Zigarette danach (wobei nach oben genannter Umfrage 34 Prozent sie quarzen – abscheulich! Das kommt mir vor wie: «Gut, das wäre abgehakt …» Außerdem will ich ihn ja noch küssen! Schmollfaktor 4). Ich meine auch nicht den Gang zum Kühlschrank. Tun wohl 29 Prozent – genehmigt, falls er danach gleich wiederkommt, um das Tiramisu mit mir in der Koje zu verspeisen (Tipp: Getränke und Speisen am Bett deponieren, dann regt sich Ihre Liebste nicht über Ihre kalten Füße auf). Ich meine zum Beispiel verbalen Austausch – bloß keinen Stockfisch, der neben einem liegt und die Decke anglotzt: Schmollfaktor 5. So einer zwingt uns geradezu zu fragen: «Was denkst du gerade?»

Jetzt fragen Sie: Wenn man nicht mal ein bisschen schweigen darf, was soll man dann bitteschön sagen? «War ich gut?» = no, «Du warst toll» = schon eher, «es war toll» = okay. Am besten fahren Sie mit so was wie: «Ich genieße es, mit dir zu schweigen.» Das stellt sie ruhig und erspart kommunikative Krämpfe.

Und *ein* Nachspiel ist immer gern genommen: das nächste Vorspiel – es sei denn, es ist schon sauspät, und/oder ich bin völlig erledigt. Dann erlasse ich ihm auch mal die postkoitalen Rituale.

Gut im Bett – mies im Bett

Benimm im Bett | Bettikette

Wer sich beim Sex wie die Axt im Walde aufführt, wird von Catherine rausgeworfen!

Lassen Sie mich ein wahres Negativ-Beispiel erzählen. Von einer Nacht, die ich wirklich bereue. Rob sah lecker aus (männlich, braun gebrannt, durchtrainiert), und dies in Kombination mit seinem Beruf (Surflehrer) und hoher Damenfrequenz (infolge häufigen Gästewechsels) verleitete ihn wohl zu der Annahme, sich im Bett alles herausnehmen zu dürfen. Und meine angeborene Schwäche für Surflehrer machte mich offenbar blind für sein Pissnelken-Potenzial.

Also: Nach dem üblichen TAM-TAM (Touristinnen-Abschlepp-Masche: nett ausführen, Spaziergang am Strand, Seelenverwandtschafts-Gefasel, fröstelnde Frau wärmen ...) fragte er, ob ich im Hotelzimmer nicht etwas zu trinken hätte. In der naiven Annahme, wir würden dort nur eine Flasche und vielleicht eine Decke holen, nahm ich ihn mit hoch. Sein erster Fauxpas dort: Er ging an meine «Mini-Bar», machte sich einen Drink und fläzte sich aufs Bett.

Merke: Her Home is her Castle – nicht deins. Also benimm dich dementsprechend.

Ich setzte mich zu ihm, und hurtig schob er eine Hand unter mein Shirt, um den BH zu öffnen, mit der andern griff er sich eine Brust. Sein Glück, dass ich spitz auf ihn war.

Merke: Geh einer Frau nicht direkt an die Buletten. Du bedienst dich doch nicht am Büffet, bevor du den Gastgeber begrüßt hast. Oder??

Als ich ihn küssen wollte, sperrte er sich und sagte: «Nee, lass mal.» Ich sagte: «Okay, dann lassen wir's ganz», und siehe da, er konnte ja doch küssen.

Merke: Wenn du mit einer Frau keine Mundsäfte austauschen magst, warum sollte sie dann andere Säfte mit dir austauschen?

Nun packte er meine Hand und legte sie auf seinen Hosenladen. Das fand ich schon mal doof, aber geöffnet werden musste die Hose ohnehin irgendwann. Dann bugsierte er sein befreites Gemächt vor mein Gesicht und winkte mit seinem Zaunpfahl. Ich jedoch küsste ihn nur vom Bauch aufwärts. Er versuchte doch tatsächlich noch zweimal, meinen Kopf nach unten zu drücken.

Merke: Nötige eine Frau NIEMALS zu sexuellen Handlungen. Wenn sie Lust drauf hat, tut sie's schon von allein.

Ich tat's nicht, denn ich hasse es, genötigt zu werden. Außerdem müffelte sein Schwanz. Zwei sehr gewichtige Gründe für Blowjob-Boykott.

Merke: Wenn du vorhast, dein U-Boot zu versenken, dann wasch es gefälligst. Ein unsauberes Ding beschert Übelkeit und andernorts Entzündungen.

Was Letzteres betraf, wollte ich ihn ohnehin nur gummibewehrt einlassen. Also holte ich ein Kondom. Und was soll man sagen? Fing die Knalltüte an zu mosern! «Ähh, Scheiß Gummi, unbequem, spür ich nix, blabla …» Normalerweise hätte ich ihn rausgeworfen. Aber er hatte den prachtvollsten Schwengel, den ich seit langem gesehen hatte …

Merke: Stell dich kondomtechnisch nicht so an. Es geht nicht nur um deine eigene Gesundheit. Und denk an Boris.

Ich zog's ihm gekonnt mit dem Mund über, er verstummte.

Unser Akt verlief dergestalt, dass er mich im Bett hin und her warf, wie es ihn gerade ankam. Zum Beispiel packte er meine Füße auf seine Schultern und wummerte drauflos. Ich hasse es. Man fühlt sich wie im Schraubstock, und inwendig tut's weh. Ich wand meine Knöchel aus seinem Griff und zog meine Beine runter, kurz drauf wollte er sie erneut nach oben zwingen! Dieser Grobian behandelte mich wie eine Kreuzung aus Gummipuppe und Selbstbedienungsladen. Ich erwog einen Coitus interruptus …

Merke: Es ist extrem unhöflich, beim Akt die Signale der Frau zu missachten und rummsdiwummsdich das eigene Programm durchzuziehen.

Dazu gehörten bei ihm wohl auch despektierliche Obszönitäten («du Flittchen, ich reiß dich mittendurch» u. Ä.). Die meisten Frauen wären sofort zu Eiszapfen erstarrt – ich bin da nicht so zimperlich. Aber es gefiel mir keineswegs.

Merke: Bevor du etwas auf die Gute loslässt, was über Kuschelsex hinausgeht, solltest du dich vergewissern, ob sie überhaupt drauf steht.

Ich erwog immer noch einen Coitus interruptus. Warum ich's nicht tat? Irgendwie wartete ich darauf, dass es doch noch gut würde. Kam aber nicht (ich auch nicht). Zu guter Letzt ächzte er: «Willst du meinen Saft spritzen sehen?» Ich sagte: «Nee, nicht nötig», doch seine Frage war wohl rhetorisch gewesen, denn schon riss er sich das Kondom herunter und hievte seinen Unterleib in Richtung meines Kopfes. Ich rief noch: «Wage es nicht!», da hatte ich die Ladung bereits an Kinn und Haaren kleben.

Merke: Der Frau ohne Erlaubnis das Gesicht zu beschießen ist der Gipfel – an Ungehörigkeit.

Ich wollte ihn nur noch loswerden. Nachdem ich seinen Sabber abgewaschen hatte, stellte ich mich ans Bett: «Geh jetzt.» Er jedoch lag da wie ein paralysiertes vergreistes Riesenbaby und machte keine Anstalten. Was soll man auch erwarten von einem Typen, der um die vierzig und immer noch Surflehrer ist und obendrein Alkoholiker.

Merke: Nicht zu checken oder gar zu ignorieren, dass du gehen solltest, verleiht dir endgültig das Prädikat «Superrüpel».

Ich wiederholte meine Aufforderung, zog an seinen Füßen, gab ihm seine Klamotten. Es dauerte 20 Minuten, bis er sich endlich erhob. Für den Rauswurf drückte er mir noch eins rein: «Deine Muschi ist hässlich.» Etliche Frauen hätte dieser Ausspruch in nagende Selbstzweifel gestürzt; zum Glück weiß ich, dass er nicht zutrifft.

Merke: Alle Kommentare über ihren Körper und ihre Bettqualitäten, die nicht lobender Natur sind, kannst du dir schenken.

Nun glaubte er, nach dieser jämmerlichen Ego-Nummer ungeschoren davonzukommen, weil ich ohnehin bald abreisen würde. Denkste! Allen Frauen der strategisch wichtigen Positionen (Szenebars, Reiseleitung, Surfstation) flüsterte ich, mir sei zu Ohren gekommen, der gute Rob habe eine ansteckende Geschlechtskrankheit …

Ist sie G.i.B.? | Brüder, sehet die Signale!

Kann man schon am Äußeren einer Frau erkennen, wie sie im Bett ist? Catherines Dekodierung erspart Ihnen unangenehme Überraschungen.

Angenommen, Sie stehen nächtens in einem Lokal herum und haben einen gewissen Druck (böswillige Zungen nennen das auch «notgeil»). Woran erkennen Sie nun, ob eine a) willig und b) gut im Bett ist, sprich, ob es sich lohnt, dass Sie Drinks, wertvolle Zeit und Sonstiges reinstecken?

Als Erstes sondiert Ihr Radar wahrscheinlich eine, die nach Sonderangebot aussieht: Primäre und sekundäre Geschlechtsmerkmale sind betont, eine etwas ordinäre Aufmachung verspricht: «Ich bin leichtes Spiel und herrlich versaut.» Da denkt man schnell: Wer so mit Schlüsselreizen um sich schmeißt, kann auch in der Horizontalen nicht geizig sein ... Die Expertin hingegen (ich) sagt: Wenn eine Tussi allzu plump ihre Vorzüge andient, ist wohl kaum mehr als deftige Hausmannskost zu erwarten. Ein bettbewanderter Freund versicherte mir: Aufreizend zurechtgemachte Mädels sind zwar leichter zu haben, aber eher langweilig im Bett. Denn warum brezeln sie sich auf? Damit Männer sie flachlegen. Warum haben sie das nötig? Weil sie langweilig im Bett sind, sodass keiner sie längerfristig vögeln will. Hunde, die bellen, beißen nicht. Gut, eine mittelmäßige Flachgelegte ist im Zweifelsfall immer noch besser als eine Raffinierte, die man nicht kriegt. Geht eine Frau jedoch geradezu inflationär mit ihren Vorzügen hausieren, ist sie wohl eher verzweifelt als geil. Sie bildet sich ein, via Sex schon irgendeinen Blöden an sich binden zu können. Und manche dieser Hausiererinnen sind ja nur «prick teaser»: Es gibt ihnen eine gewisse Genugtuung, wenn sie die Typen heiß machen und dann abblitzen lassen können. Wurden wahrscheinlich von Exfreunden schmählich abgeschoben, und nun müssen sie sich an der übrigen Männerwelt rächen.

Kann auch sein, dass Sie zunächst einfach Ausschau nach einer Ansehnlichen halten. Klar: Das Auge vögelt mit. Und je attraktiver die Frau, desto höher der Beute-Effekt. Bei einer Süßen mit BBP-Ausstattung (Busen, Beine, Po) stellen manche Männer schon gar keine Ansprüche mehr an ihre horizontalen Qualitäten. Andere wiederum sagen: Was nützt mir die tollste Zuckerpuppe, wenn sie im Bett 'ne trübe Tasse ist? Wie ich höre, seien allzu schöne Frauen oft sehr passiv, weil sie der Meinung sind, es sei schon Belohnung genug, wenn sie sich überhaupt willig zeigen. Ich meine, es hängt stark von der Selbsteinschätzung seines und ihres Marktwertes ab: Setzt sie ihren eigenen höher an als den des jeweiligen Mannes, ist sie eventuell der Meinung, dass er sich im Bett eher anstrengen und um sie bemühen müsste. Und umgekehrt. Von daher rührt die Bauernweisheit, füllige Frauen seien Kojenknaller. Da ist was dran (nicht nur an der Frau), denn Dicke geben sich hierzulande ja oft einen niedrigeren Marktwert. Und zum Teil haben sie eine Menge Sinnlichkeit, denn damit hat Essen ja auch was zu tun.

Also nehmen wir an, Sie haben ein Sexobjekt im Visier ... Nimmt sie keinen Blickkontakt auf, will sie erst recht keinen Hautkontakt. Erste Voraussetzung ist also, dass sie Sie überhaupt beachtet. Nun interpretieren Männer gern als abtaxierenden, provozierenden Blick, wenn eine Frau nur denkt: Was ist das bloß für ein peinlich gewandetes Ekelpaket? Falls sie auch mal lächelt und Sie immer wieder sekundenlang anschaut, stehen Ihre Chancen gut (Verhaltensforscher nennen das den «Kopulationsblick»). Nun können Sie mehr ins Detail gehen.

Fangen wir mit dem Gesicht an: Wie dick ist ihre Kriegsbemalung? Zugekleisterte Masken haben was zu verbergen (und zwar etwas, was Sie garantiert nicht sehen wollen). Allerdings: Auffälliger Lippenstift ist eine Einladung. Rote Lippen wirken ja angeblich deshalb so stimulierend auf Männer, weil sie an eine erregte Vulva erinnern. Wie der Mund eines Weibes, so das Ende des Leibes, sagt der Volksmund, und nein: Damit sind nicht die Füße gemeint! Rückschlüsse über die Größe lässt er aber nicht zu (vgl. den Spruch mit der Nase des Mannes und seinem Johannes). Von verkniffenen Lippen auf eine gewisse Unzugänglichkeit der tiefe-ren Partien zu schließen und vom stets leicht geöffneten Mäulchen auf Empfänglichkeit (oder einen IQ unter 50) liegt schon eher nahe. Und wenn sie sich dauernd Sachen in den Mund steckt (Zigaretten, Finger, Essen etc.) – prima! Orale Fixierung. Zügelloses Trinken und Rauchen, das Verzehren der Cocktail-Deko und hemmungsloses Schlürfen zeigen, dass sie auf Verbote und Konventionen pfeift und auch sonst wenig Grenzen kennt. Und ein Mädel mit einer kessen Lippe wird in der Koje weder verklemmt noch maulfaul sein.

Nächste Station ist – logisch – das Dekolleté. Im Sexblättchen «Pfiff» stand mal: «Jede Mops-Form lüftet ein persönliches Geheimnis!» Und zwar: Frauen mit Atombusen seien «im Bett kaum noch zu bremsen», die mit leichtem Hänger «sexhungrig, abenteuerlustig, heißblütig und für die schärfsten Stellungen und Spiele zu begeistern. Sie lassen sich gerne von hinten bedienen, weil ihre Brüste bei jeder Sexbewegung schaukeln …» Apfel-Busige «sind ausgelassen und lieben es, im Bett die Initiative zu übernehmen», Flachbrüstige dagegen wollten «mangelnde Masse durch absolute Sex-Klasse wettmachen. Darum sind sie meist hemmungslos und lassen sich im Bett stark gehen.» Interessant. Ich weiß nur so viel: Weil dicke Dinger naturgemäß zum Hängen neigen, verursachen sie oft Komplexe; aber sie sind auch ein Hinweis auf einen hohen Geschlechtshormon-Pegel, und der sorgt zum Beispiel dafür, dass ihr Unterleib gut durchblutet und gesund ist.

Jetzt nehmen Sie den Rest der Figur ins Visier. Laut einer britischen Befragung ist eine mit vollem Hintern allen schönen Dingen aufgeschlossen, eine mit einem kleinen dagegen zu allem entschlossen. Hat sie gar einen Po, mit dem sie Nüsse knacken könnte, dürfen Sie davon ausgehen, dass auch ihre Scheidenmuskulatur von zupackender Natur ist. Und durchtrainierte Beine sind nicht nur gefälliger als Wellfleisch – sie gehören möglicherweise auch zu einer ausdauernden Reiterin.

Womit wir unten angelangt wären: Wer seine Füße in winzige hohe Sandälchen oder Stilettos zwängt und mühevoll darauf rumbalanciert, gibt sich auch beim Sex echt Mühe, hat aber selber nicht arg viel Spaß dran. Dagegen memorieren Gesundheitsschuh-Trägerinnen im Bett, was sie im Orgasmus-Selbsthilfekurs gelernt haben, und fragen sich, ob es politisch korrekt ist, wenn der Mann oben liegt. Und Finger weg von Plateau-Turnschuhen und goldenen Pumps: Es droht die Rache des türkischen Clans!

Überhaupt, die Klamotten: Schwarz und rot signalisieren Paarungsbereitschaft; weiß signalisiert, dass sie auf Always Ultra vertraut. Geht sie nur in Schwarz, findet sie sich fett und vögelt nicht gern bei Licht. Lässt sie jedoch viel Haut sehen, ist sie auch nackt zeigefreudig, in Kombination mit «ordinär» gilt aber das oben Gesagte. Trägt sie Sachen, in denen sie sich kaum bewegen kann, wird sie gern mal gefesselt. Eine Burschikose will nicht um ihrer sexuellen, sondern um ihrer *inneren* Werte halber geliebt werden. Und hat eine Essensreste auf der Kleidung, Laufmaschen, unrasierte Achseln und Beine, kann man sich auf ausgeleierte Unterwäsche gefasst machen, eine bekleckerte Damenbinde oder (beim Oralverkehr) auf einen Fisch mit Ziegenbart.

Apropos Haare: Langmähnige wissen, was Kerlen gefällt, und haben viel Erfahrung mit Dingen, die schwierig zu handhaben sind und oft in ihrem Mund landen. Damen mit Herrenschnitt sind entweder burschikos (s. o.) oder dominant, egozentrisch, nicht hingabefähig und eben all das, was sonst Männer so an sich haben. Dann gibt es auch die Frauenselbstfindungsfrisur, sozusagen den Birkenstock am Kopf: meist diesen «Vo-ku-hi-la»-Schnitt. Er sagt uns: «Nachdem mich der zehnte Mann enttäuscht hat, versuch ich's jetzt mal ohne und mach mir über mein Frausein ernsthafte Gedanken.» Aber auch graue Haare oder straßenköterfarbene Un-Frisuren bekunden: Ich brauch keinen Sex, jedenfalls nicht mit Männern. Dasselbe gilt für Frauen, die sich auch sonst nicht zurechtmachen und sich gehen lassen. Wenn eine nicht mal ihre eigenen Teile in Form bringt, wird sie's erst recht nicht mit den Ihren tun.

20 ODER 40? | Frischfleisch oder abgehangen?

Wer ist besser im Bett – der 20- oder der 40-Jährige? Catherine wägt ab.

Falls Sie unter 30 sind, erwarten Sie jetzt wahrscheinlich eine Hymne auf jüngere Liebhaber. Sind Sie über 30, wollen Sie lesen, dass der Mann mit dem Alter immer besser wird. Sorry, da muss ich Sie enttäuschen. Jedes Alter ist gleich mies. Haha, Späßchen! Tendenziell übel sind nur die Grufties, an denen ich stundenlang herumzwirbeln muss, bevor sich was regt, und die unter 20. Vielleicht haben auch Sie als Teenie recht unorientiert an den Mädels herumhantiert, nach dem Schema «Trial and Error»? Wenn Sie Glück hatten, befeuchtete sich was, doch deren Orgasmus lag so fern und Ihr eigener so nah …

Meine ersten Bettgenossen hatten jedenfalls wenig Peilung, wie man Frauen auf Touren bringt – woher auch, denn ich kriegte ja den Mund nicht auf. Sie wollten nur, was Jungs halt so wollen: möglichst viel Sex mit möglichst vielen Frauen. Das zieht sich bis in die Zwanziger, und selbst dann merken viele in ihrem Eifer oft gar nicht, dass ihre Beilagen zu kurz kommen. Gott sei Dank gilt das nur für manche grundsätzlich. Die meisten Jungs von Anfang 20 sind zwar noch keine Profis, aber *Amateure* im wahrsten Sinne des Wortes: Liebhaber des Sex. Sie staunen noch über jede neue Stellung, freuen sich über ihre Brunft, sind verspielt und lernbegierig. Und manchmal entdecken auch wir Frauen uns mit ihnen neu.

Habe ich heute, als «Sexbewusste», einen Youngster in der Koje, ist das ein bißchen wie Champagnertrinken: prickelnd, erfrischend, ich kann ihn vernaschen, mir nehmen, was ich will. Aber auch ein wenig wie «Jugend forscht»: Er tüddelt mal hier ein wenig, mal da. Das kann hin und wieder schon nerven, wenn einer sich arg zögerlich und unbeholfen anstellt und ich ihm jeden einzelnen Schritt anweisen muss. Andererseits kann ich ihn nach meinen speziellen Gelüsten formen. Prima Sexsklave.

Gerade Frauen, die nicht dominiert werden wollen, fahren mit Jüngeren besser; ebenso Mädels mit Komplexen, zum Beispiel dem, dass sie Nieten im Bett sind (schließlich hatte der Jungspund noch nicht so viele Vergleichsmöglichkeiten). Was ich persönlich am meisten schätze: das Frischfleisch. Das Unverbrauchte. Die Potenz. Laut Forschung haben 20-Jährige bis zu sieben spontane Ständer pro Tag, neben denen nachts und frühmorgens. Bereits geringfügiges Knutschen gereicht ihnen zur Steife, und es gibt Sex, so oft ich will, ohne dass ich mit Straps oder Peitsche wedeln muss. Das ist ja die Krux an Mann und Frau: Genau da, wo die weibliche Libido endlich beginnt, Gas zu geben, nämlich Anfang oder Mitte 30, geht's mit seiner Potenz bergab. Drum sind Frauen in dem Alter eigentlich sexuell kompatibler mit Kids, wären da nicht ein bis zwei Punkte: Manche wollen lieber Qualität statt Quantität, und *oft können* heißt noch lange nicht *lang können*. Da fehlen doch noch das Wissen und die Selbstbeherrschung des Meisters.

Die Liebeskunst muss man ja erst mal erlernen wie jede andere Kunst. Klar gibt es ein paar vereinzelte Naturtalente, die schon im zarten Alter Frauen in höhere Sphären zu beamen wissen. Aber normalerweise kommt das Gespür dafür erst mit der Erfahrung. Und natürlich gibt es ein paar Klötze, die's auch mit 50 nicht mehr lernen und immer Bettstümper bleiben werden. Doch die Wahrscheinlichkeit ist höher, dass der Mann mit den grauen Schläfen eher weiß, was Frauen wünschen. Gut, manchmal fühlt es sich arg routiniert an, aber meistens wirkt es zuverlässig!

Frau schätzt den gut abgehangenen 40-Jährigen auch insofern, als er eher ein Gentleman ist, der um die Konsequenzen weiß, wenn er mit ihr schläft. Der Trieb lässt nach und damit auch der

Zwang, ihr etwas vorzumachen, um sie rumzukriegen. Und er lässt sich zum Sex mehr Zeit (die er bisweilen auch braucht …!).

Männer sind wie Käse: je reifer, desto besser. Allerdings riechen sie auch strenger! Schnuppern Sie mal vergleichsweise an einem Baby und einem Greis, dann kriegen Sie eine Vorstellung, in welche Richtung Sie sich geruchsmäßig bewegen …

Zudem entwickeln sich ja mit den Jahren alle möglichen Zipperlein. Ein Hexenschuss hier, ein steifer Rücken da, Verdauungsprobleme oder auch nur was Falsches gegessen – schon hakt's auch in der Horizontalen. Die ersten Potenzprobleme hat man bereits hinter sich, und die Erkenntnis, dass man nicht mehr der Knackigste ist, dass man Hüft- und Bauchspeck angesetzt hat – all das macht den Mittelalterlichen wieder bescheidener, und wenn er dann eine jüngere Beischläferin hat, gibt er sich richtig Mühe. Das findet sie wiederum sehr dufte, denn da kann sie tun, was sie am liebsten tut: passiv rumliegen, genießen, sich überhaupt verwöhnen lassen, sexuell und auch sonst.

Der größte Nachteil von Männern um die 40: Sie können im Bett oft nicht abschalten. Kein Wunder: Beruflich auf dem Zenit, haben sie auch viel Stress; die Raten fürs Haus sind noch nicht bezahlt, die Exfrau nebst Kindern sitzt ihnen im Nacken, am Kopf fällt das Haar aus und wächst stattdessen aus Nase und Ohren. Nachteil Nummer 2: Sie brauchen meist stärkere Stimulanzien. Das ist wie mit Drogen: Am Anfang genügt eine kleine Dosis, um high zu werden, aber im Laufe der Zeit muss sie immer höher werden (zum Beispiel hatte ich mal einen 38er, der nur richtig hart wurde, wenn ich bis zum Mundkrampf an seinen Brustwarzen saugte; ein anderer konnte nur kommen mit meinem Finger in seiner rückwärtigen Öffnung). Andererseits haben ältere Semester drum auch schon einiges hinter sich und führen Frauen bisweilen in unbekannte erotische Dimensionen.

Ich könnte jetzt sagen: Da hätte ich doch am liebsten einen dazwischen – schon einigermaßen erfahren, aber noch keine

Erektionsschwächen. Der 30-Jährige, in seiner männlichen Blüte, mit fitnessgestähltem Körper und sexuell selbstbewusst, ist auch am experimentierfreudigsten. Aber: Ein attraktiver Mann dieses Alters fährt oft so sehr den Selbstfindungs- bzw. Karrieretrip, dass er für weibliche Sonderwünsche wenig Sinn hat. Vor allem seine Zeit ist knapp bemessen. Die paar Stunden, die er mit seiner Partnerin verbringt, sollen erfüllt sein, und zwar bitteschön in seinem Sinne. Gerade im Bett will er jetzt auch auf seine Kosten kommen und ist bisweilen abtörnend zielstrebig. Ein Bett-Macho. Von daher: Das Alter ist egal, sie sind alle gleich mies. Oder gut.

Catherines ultimative Qualitäten-Liste: Was einen wirklich guten Liebhaber ausmacht.

«Wenn du deine Liebhaberqualitäten mit einer Schulnote bewerten müsstest – was würdest du dir geben?», fragte ich meine männlichen Bekannten. Bis auf zwei Ausnahmen gaben sich alle eine Eins oder Zwei. Als ich im Gegenzug meine Freundinnen bat, einzuschätzen, wie viele ihrer bisherigen Bettgenossen diese Noten verdienten, ergab sich ein mickriger Durchschnitt von ca. 16 Prozent. Seltsam, nicht?

Tja, Männer und Frauen haben unterschiedliche Vorstellungen vom «guten Liebhaber». Dabei wissen Männer genau, wie der SL (= SuperLover) in weiblichen Umfragen immer wieder definiert wird: Er ist einfühlsam, zärtlich, phantasievoll, verwöhnt sie, nimmt sich Zeit. Aber heimlich, denken die Männer, heimlich wollen die Frauen was ganz anderes: einen Kerl, der es ihnen so richtig besorgt. Einen Muskelprotz mit großem Schwanz, der immer und ewig kann. Meine Freundinnen und ich finden, dass so einer zwar schon was für sich hat; aber wenn wir einen dicken, unermüdlichen Prügel wollten, würden wir uns den «Wollust-Riesen» von Beate Uhse besorgen – der bringt's immer, ist pflegeleicht und frisst uns nicht den Kühlschrank leer.

Männer, denen wir die Auszeichnung «SL» verleihen, haben eher andere Qualitäten. Auf die konnten wir uns rasch einigen (bis auf zwei Mädels, die meinten: «Er ist dann ein SL, wenn er sich hinterher in eine Flasche Sekt und zwei Freundinnen verwandelt – oder wenigstens in eine Fernbedienung» und: «...wenn er mich zwei Stunden massiert, eine Stunde leckt und eine halbe vom Feinsten vögelt.» Hier also die zehn Prämissen für das Prädikat «SL»:

1) «**Einfühlsam**», das stimmt, hat Priorität. Aber was ist das überhaupt? Im SL-Kontext ist es die Fähigkeit, intuitiv zu wissen, was die Frau will, bevor sie es selbst weiß (wenn sie es überhaupt mal weiß). Sprich, er muss ein Hellseher sein. Oder zumindest an ihren Atmern, Seufzern, Gebärden und Zuckungen ausmachen können, was ihr genehm ist. Dies geht einher mit

2) **Experimentierfreude.** Je mehr er herumprobiert und seine Zuwendungen variiert, desto höher ist die Wahrscheinlichkeit, dass er auf unsere Vorlieben stößt. Sagen werden wir's ihm kaum, denn welche Frau will's einem Kerl schon so leicht machen.

3) **Respekt.** Ein SL betrachtet das Geschöpf an seiner Seite als etwas höchst Delikates – und behandelt sie dementsprechend (Frauen, die im Bett zum Fußabtreter degradiert werden und das auch noch geil finden, gibt's, glaube ich, nur in schlechten Filmen und in der SM-Szene). Er erkundet unseren herrlichen Leib wie das Gelobte Land und weiß auch noch nach Monaten die Lage und optimale Bedienung der empfänglichsten Stellen.

4) **Bestätigung.** Nirgendwo liegt das weibliche Ego so bloß wie im unbekleideten Zustand. Der SL ignoriert Zeppelinschenkel, schwaches Brustgewebe, Bäuchlein, Falten und dergleichen. Er versichert, man sei die begehrenswerteste Frau des Universums. Er quittiert alle unsere Aktionen mit wohligen Tönen und motivierenden Rufen: mehr! schön! jaaa! Du machst mich so an …! Er ist halt ein wahrer *Lieb-Haber.*

5) **Aktivität.** Er liegt nicht schlapp herum und lässt sich bedienen, sondern strengt sich an. Zum Beispiel küsst er gut und viel und geizt auch sonst nicht mit dem Einsatz von Lippen, Zunge, Zähnen. Ausgedehntes Drumherum unterscheidet den SL vom DL (Dilettanten) und vom LS (lieblosen Stecher).

6) **Hemmungslosigkeit.** Er ist ein Stück weit versaut (damit wir uns gehen lassen können und neben ihm nicht pervers aussehen), aber nicht zu tabulos und zu anspruchsvoll, sonst sind wir überfordert.

7) **Kontrolle.** Er stürzt sich weder auf unsere Genitalien, als müsse er den Wettbewerb im Blitzverkehr gewinnen, noch rennt er mit fliegenden Eiern ins Ziel, ohne links und rechts zu gucken. Sondern ist jederzeit aufmerksam, ob der anwesenden Dame alles behagt bzw. irgendwas missfällt. Und er hat seinen Erguss im Griff. Denn dem raffiniertesten Romeo fehlt noch das Quäntchen zum SL, wenn er uns zwar heiß zu machen, aber unser Feuer nicht zu löschen versteht.

8) **Abwechslung.** Damit wir nicht unter ihm einschlafen. Selbst ein Programm, das an der Dame mal hervorragend funktioniert hat, wird nach der x-ten Anwendung oberfad. Okay, das Hardcore-Peitschenset, das Gynäkologenbesteck und die Windeln sind doch etwas heftig. Ein paar neue Stellungen à la «Hund im Herbst» oder sinnliche Spielchen mit Lebensmitteln sind auch schon ganz erfrischend.

9) **Tiefgang.** Er bekundet unserer besten Freundin, dass er sie lieb hat, indem er ihr die Zunge zeigt: der Klitoris. Leckereien sind für die weibliche Mehrheit Bedingung für einen SL (wie «Sauguter Lecker»).

10) **Appetitlichkeit.** Wenn der Mann nach Eau de Pissoir mieft oder nach Frühstück aus der Mülltonne, kann er sich noch so schön anstrengen – keine SL-Ernennung. Ähnliches gilt für ausgeleierte Unterbekleidung, gelbe Hammerzehen und andere schwere Hygiene- bzw. Ästhetik-Defizite.

Jetzt sagen Sie: Warum sollte ich mich so abmühen? Je nun – immerhin haben anerkannte Meistervögler einen hohen Damenzulauf. Und ich hab's ja oben schon angedeutet: SL, das Gütesiegel in der Waagerechten, kriegt lange nicht jeder von uns. Da könnten Sie sich ganz schön was drauf einbilden.

Und woher wissen Sie nun, ob Sie's verdienen? Ihre Partnerin wird's Ihnen wahrscheinlich nicht ganz offen sagen. Tipp: Fragen Sie eine Ihrer Verflossenen, aber möglichst eine, die a) ehrlich, b) nicht sauer auf Sie ist.

Psychokram

Vergangenheit | Leichen im Keller

Was und wie viel Sie von Ihrem sexuellen Vorleben preisgeben, sollten Sie sich gut überlegen. Catherines Motto: Reden ist tückisch, Schweigen ist Gold.

Mein drittes Date mit Harry, einem Intellektuellen, mit dem ich bisher noch keinen Körperkontakt hatte, fing vorgestern bezaubernd an und endete recht abrupt. Dazwischen hatte ich, um ihn zu unterhalten, ein wenig über Sex geplaudert (immerhin mein Spezialgebiet!); nichts Besonderes, nur von Jan, der stundenlang und trotz Erguss erigiert blieb, von Junior, der im Bad gern Weit-Schieß-Wettbewerbe mit sich selber abhielt, und von meiner Nacht mit den italienischen Handballern.

Harry wurde abwechselnd rot und blass, fing an zu transpirieren, und statt mich noch in eine Abfüllstation zu schleppen, verabschiedete er sich mit Blick auf die Uhr: Er müsse früh raus. Zu Hause ärgerte ich mich gleichermaßen über mein leeres Bett wie über mein Mundwerk und beschloss endgültig, von nun an stets die Geheimnisvoll-Naive zu geben, was mein Vorleben betrifft. Gegenüber Liebhabern, Kandidaten – und auch Lebensgefährten.

Ich könnte mir heute noch auf die Zunge beißen wegen meines Lapsus mit Thomas, einem meiner früheren Ex. Sein Penis lag unterm Mittelmaß, war aber durchaus brauchbar. Trotzdem hatte er einen Komplex. Einmal sagte er: «Du hattest doch bestimmt schon jede Menge besser bestückte Typen, oder?» Ich erwiderte, «Vielleicht den einen oder anderen – aber auch welche mit viel kleineren!» Um das zu illustrieren, erzählte ich von Porsche-Peter mit seinem Popel-statt-Pimmel, den wahrhaft winzigsten Bürzel, der mir je untergekommen war. Aus Mitleid hatte ich mit Peter geschlafen, dabei aber rein gar nichts gespürt und hinterher ein schales Gefühl gehabt, auch wegen des obercoolen Gehabes von Porsche-Popel.

Plötzlich fiel mir auf, dass Thomas total stumm geworden war, obwohl ich ihn doch hatte aufmuntern wollen. Meine Message sollte sein: DAS war ein kleiner Zipfel – im Gegensatz zu deinem, mit dem wir viel Spaß haben. Doch er hörte nur, was er hören wollte: Sex mit einem Mini ist Scheiße. Meine gegenteiligen Beteuerungen hätte ich genauso gut ins Klo sprechen können.

Aber Männer müssen ebenfalls die Klappe halten. In einer Zeit, als ich noch ein wenig Babyspeck trug (nur eine ganz kurze Phase unter 20! Ehrlich!), hatte ich einen Freund, der mir von den Maßen seiner Ex vorschwärmte («90 – 60 – 89 – sie hat auch gemodelt»), und plötzlich mutierten meine niedlichen weichen Rundungen in schwabbelnde Bauchrollen, Hüttenkäse-Schenkel und monströse Arschbacken. Logische Konsequenz: Sex und alles, was in Richtung Sex ging, nur noch im Stockfinstern.

Oder meine Freundin Anja: In einem Anfall von typisch weiblichem Psycho-Masochismus fragte sie mal ihren Schatz nach der heißesten Nacht seines Lebens. Taktischerweise hätte er sagen sollen: «Mit dir, Püppi, vor einer Woche, als ich dich so schön gestreichelt hab und du nicht genug von mir kriegen konntest.» Doch der Blödian glaubte, sie wolle die Wahrheit wissen, und schilderte sein Abenteuer mit der verheirateten 42-Jährigen, die alle Register ihres Könnens gezogen und ihn schließlich völlig «leer gemolken» habe. Anja schloss daraus: a) er steht auf reifere Damen und nicht auf unerfahrene Hühnchen wie mich, b) er langweilt sich mit mir im Bett, und c) da ich nicht mal «schlucke», wird er bald eine andere haben, wo er doch d) ohnehin zu Affären neigt.

Merke: Sagen Sie über keine der Frauen, mit denen Sie je im Bett waren, etwas Positives. Aber auch nichts Negatives. Höchstens andeutungsweise und allgemein, so etwas wie: «War nix Besonderes.» Wir wollen nicht wissen, dass Bettinas Brüste zwar «herrlich dick» waren, aber leider hingen oder dass eine unserer Vorgängerinnen beim Kommen quiekte wie eine abgestochene Sau. Zieht er über seine Ex-Gespielinnen her, wähnen wir, dass er bald auch über uns herzieht. Dasselbe gilt fürs Prahlen.

Vor allem: keine Details! Anja meint: «Ich bin zwar neugierig und hake, wenn er etwas angedeutet hat, kräftig nach. Aber sobald er mehr preisgibt, merke ich, dass es mich höllisch fuchst.» Denn unverzüglich entstehen Bilder im Kopf, die nicht mehr auszulöschen sind und genau dann wieder hochkommen, wenn er sich abmüht, sie in Fahrt oder zum Höhepunkt zu bringen.

Und ein paar Erfahrungen – so sie denn nicht unumgänglich zu Ihrem Sexleben gehören – sollten Sie komplett für sich behalten, wie: Fremdgänge, Gruppensex, Swingerclubs, homoerotische Aktivitäten, Geschlechtskrankheiten (überwundene!) und Praktiken, die gemeinhin als «abartig» gelten. Solche Dinge werden Sie wahrscheinlich auch nie von Ihrer Süßen erfahren. Ebenso wenig, dass ein anderer Sachen von ihr bekam, die sie Ihnen vorenthält, oder dass er Ihnen etwas voraus hatte (5 Zentimeter?). Sie will ja auch nicht, dass Sie zum Gegenschlag ausholen.

Übrigens, Harry hat gerade angerufen. Vielleicht hat er den Schreck verdaut und denkt sich: «Wenn sie einige Knaller im Bett hatte, wird sie auch schon etliche Nieten erlebt haben.» Stimmt.

Initiative | Du bist dran!

Ihre Liebste ergreift zu selten die Initiative zum Sex? Catherine weiß, was dahinter steckt.

«Plötzlich packte mich die pure Lust. Ich küsste Rolf leidenschaftlich, streichelte gleichzeitig seine strammen Po-Backen. Unsere Klamotten fielen. Ich befühlte seine Männlichkeit, rollte ein Gummi drüber und setzte mich auf ihn …», erzählt Jasmin, 18, in einem dieser Billig-Sexblättchen. Dieser Schund ist randvoll von immergeilen Mädels, die ihren Appetit unmissverständlich in Wort und Tat zeigen, denn der Leser steht drauf – in seiner Vorstellung. Doch wehe, wenn die Frauen wirklich so wären! Dann zögen etliche Typen schnell den Schwanz ein; einige sogar buchstäblich. Wie kürzlich mein Date Harry, nunmehr Ex-Date.

Männer sagen immer, sie wollen viel öfter verführt werden. Aber: bitteschön nur dann, wenn sie ohnehin gerade scharf und erektionsfähig sind, und zwar bezüglich der Frau, die ihnen die Erektion «reibungslos» und anspruchslos verschafft. Andernfalls wird die angriffslustige Liebhaberin zur Bedrohung: Sie könnte ja zu viel fordern, zu viel erwarten und die Kojen-Kontrolle übernehmen, und bei alldem besteht die Gefahr, dass er schlecht abschneidet. Insofern sollten die Männer froh sein, so lange es noch ihnen überlassen wird, ob was läuft – dann fällt's nicht so auf, wenn sie nicht können beziehungsweise wollen.

Ich habe keine große Lust mehr auf Initiative. Viele der Liebhaber, bei denen ich meinem Begehren keinerlei Zügel anlegte, machten blöde Bemerkungen. Zum Beispiel Michael, mein Freund, als ich 20 war: «Du bist ja ein richtiger Sexmaniac, eine kleine geile Sau!» Für ein Mädel, dessen sexuelles Selbstverständnis noch nicht besonders groß ist, ist das alles andere als ein Kompliment. Es bedeutet eher: «Du bist eine notgeile Schlampe: eine, die nichts wert ist; und für die ich nur einer unter vielen bin.» Insofern wird er austauschbar und auch sie. Folglich zeigte ich ihm und seinen Nachfolgern meine Lust nie mehr, jedenfalls nicht offen, sondern höchstens versteckt: scharfe Unterwäsche, Herumgestreichle an seinem Po, beim Zubettgehen nicht das übliche Leier-Riesen-Shirt, sondern ein kleines Hemdchen, laszives Räkeln …

Selbst später störten mich Attribute à la «sexbesessen», «unersättlich» usw. Aber auch wenn meine Männer ihrem Befremden anderweitig Ausdruck verliehen, fühlte ich mich wie ein Schlafzimmer-Zombie, oder zumindest unnormal. Einer von ihnen, Jörg, hatte ausgerechnet immer dann keine Lust, wenn ich welche signalisierte: ein Machtspielchen, das damit endete, dass ich mich komplett zurücknahm und wir immer nur dann Sex hatten, wenn es dem Herrn beliebte. Dass ich oft nicht voll dabei war, kann man sich denken. Außerdem ist ständige Zurückweisung so ungefähr das Demütigendste, was einer Frau im Bett passieren kann. Da mag sie irgendwann gar nicht mehr.

Andere Männer wiederum machen bei einer selbstbewussten Bett-Amazone schlapp – siehe Harry. Wieder andere denken: «Ah geil, sie will, dass ich's ihr besorge», und fahren schnurstracks in die Hauptverkehrsstraße. Etwa Carsten, mit dem ich Anfang des Jahres eine Affäre hatte. Aus mir heute unbegreiflichen Gründen war ich ständig scharf auf ihn, und das zeigte ich auch. Er nahm es zum Anlass, mir häufig und ohne Umschweife das Beste von sich zu geben – jedenfalls das, was er dafür hielt. Als ich ihm zum Abschied mitgab, er sei nicht der Superlover, für den er sich halte, war er völlig perplex. Tja. Jeder, der glaubt, er könne das Vorspiel weglassen, verdient dieses Prädikat nicht.

Ich weiß schon, warum ich mich normalerweise zurückhalte. Das Schöne, wenn der Angriff vom Mann ausgeht, ist: Er muss mich «verführen». Ich kriege einfach mehr Zuwendung und Streicheleinheiten – davon gibt's ja selten genug –, und ich kann meiner Lieblingsbeschäftigung nachgehen: einfach rumliegen und mich bedienen lassen. Zur Belohnung darf er mir dann irgendwann «sein Bestes geben».

Oft liegt der Grund für meine Zurückhaltung in puncto Initiative aber darin, dass einer viel öfter verkehren will als ich und er daher viel öfter damit anfängt. Daraus ergibt sich, a) dass ich kaum Gelegenheit finde, Lust und Initiative zu entwickeln, da er mir immer zuvorkommt, b) dass ich mich bedrängt fühle, was mein Verlangen mindert, woraufhin er noch mehr Druck macht – was wiederum a) und b) verstärkt.

Tatsache ist, dass viele Frauen, die bei einem sehr akt-aktiven Mann triebtechnisch die trägsten Trantüten scheinen, sich genau zum Gegenteil wandeln, wenn sie dann mal einen Kerl haben, der sexuell träge ist. Manchmal passiert das sogar beim selben Partner! Zum Beispiel wenn er eine stressreiche Phase hat, wo ihm nicht der Sinn nach Liebesspielen steht.

Sie ahnen schon, wie die Lösung aussieht: abwarten. Üben Sie sich eine Zeit lang in Geduld, schmusen Sie nach wie vor, aber tun Sie nichts (NICHTS!), was sie als Beischlaf-Einleitung interpretieren könnte. Massieren Sie sie zum Beispiel am ganzen Körper (mit weitem Bogen um Busen und Bär), dann sagen Sie, Sie seien müde – selbst wenn Sie fast platzen, vor allem untenrum. Das wird sie ganz schön irritieren. Und zugleich auch beruhigen: dass Sie nämlich in der Lage sind, sie mit Zärtlichkeit zu verwöhnen, ohne es automatisch mit Sex zu verknüpfen. Lassen Sie sie zappeln, bis sie nicht anders kann, als Sie zu verführen. Mit allem Drum und Drauf …

ZORNSEX | Wut und Glut

Zorn und Leidenschaft gehen Hand in Hand, heißt es. Catherine fragt sich: Kann man also Lust durch Streit entfachen?

Vorgestern Abend waren Hase und ich verabredet, bei mir zum Essen. Wie so oft kam er zu spät. Natürlich habe ich gezickt. «Kannst du denn nie pünktlich sein? Ich bestell hier extra Pizza von meiner sauer verdienten Kohle und darf dann zusehen, wie sie kalt wird!» – «Reg dich nicht so auf.» – «Ich reg mich wohl auf. Deine Vorgänger waren immer zuverlässig, aber du –» – «Dann zieh dir doch wieder einen von deinen Schlafanzugträgern rein!» und so weiter, bis wir uns mächtig ins Feuer geschrien haben. Schließlich schmolle ich, und er sagt: «Dann kann ich ja gehen», weil er jetzt nicht angekrochen kommen will. Wobei es mir natürlich sehr gefällt, wenn er's doch tut, sichert mir das doch eine Extraportion Streicheleinheiten inklusive Kopfkraulen oder Fußmassage!

Während er seine Jacke anzieht, schließe ich die Wohnungstür ab und stecke mir den Schlüssel in den BH. Er grinst, umarmt mich, und als Zeichen, dass man sich doch liebt, liebt man sich. Ei, was für eine Nummer! Ein Gemisch aus Innigkeit und Zorn. Ich will es intensiv und hart, ich beiße, kratze, vergrabe meine Fingernägel in seinem Fleisch, lasse meinen Ärger an seinem Körper aus … Und er, er gibt es mir hart. Er packt mich so fest an, dass es zum Teil wehtut, aber durch die Liebeswut ist auch meine Schmerzschwelle höher.

Das ist animalischer Sex. Haben Sie schon mal Tiere beim Paaren beobachtet? Da gibt's kein zimperliches «Püppileinchen, wie hättest du's denn gern?». Das soll jetzt nicht heißen, dass der Mann nie nachfragen soll. Sonst entgeht ihm vielleicht, dass seine Venus auf Brustklammern steht oder abgeht, wenn er Lockenwickler in ihr Schamhaar dreht. Aber einer, der immer nur behutsam und superrücksichtsvoll ist und sich voll auf sie einstellt, genau wie sonst in der Beziehung auch – wie langweilig, wie tödlich.

Man muss sich aneinander reiben, im einen und im andern Sinn. Ich muss spüren, dass er *eigen-willig* ist – nur so bleibt er für mich spannend. Zudem schafft Streit Distanz und den Willen zur (Rück-)Eroberung, was dem Begehren sehr zugute kommt. Ich schätze, aus diesen Gründen provoziere ich meine Jungs auch gern mal. Vor allem wenn das Knistern zwischen uns in Eintracht zu versacken droht, in diesem Bruder-Schwester-Verhältnis, oder besser gesagt, wie zwischen zwei Freundinnen im Altersheim, die jeden Tag Kaffeekränzchen halten und sich mehr übers Essen oder Verdauungsprobleme unterhalten als über das, was ihnen wirklich wichtig ist. Eine Studie ergab: Frauen, die sich öfter mal mit Schatzi fetzen, kommen rund 40 Prozent häufiger zum Orgasmus als die, die Harmonie um jeden Preis wollen. Wer Beziehungsstress in sich reinfrisst, verdirbt sich bereits den Appetit auf Sex.

Allerdings: Vögeln als Versöhnungsmittel funktioniert nicht, wenn ich wirklich eingeschnappt bin, weil er zum Beispiel Bemerkungen wie «Hysterikerin», «wie deine Mutter», «Schlampe» eingestreut hat. Bei einem ernsthaften Streit erstarrt eine Frau zur Tiefkühltruhe. Mindestens so lange, bis alles «ausdiskutiert» ist, und zwar zu *ihrer* Zufriedenheit. Oft spielt sie sogar noch eine Weile danach «Rühr-mich-nicht-an», weil sie das Chaos in ihrem Kopf sortieren muss («Er ist ein Arschloch! – Aber ich liebe ihn doch, zumindest gestern noch! – Warum eigentlich?!» …).

Und wehe, der Feind wagt schon vorher eine wie auch immer geartete sexuelle Avance. Dann hat sie das Gefühl, er denke nur an seinen eigenen Vorteil: 1) dass er sich hier mit Fummeln & Fiedeln billig aus der Auseinandersetzung stehlen könne, 2) damit sie endlich aufhört zu krakeelen, wird sie geknebelt – von unten, 3) körperlich abreagieren und Spaß dabei, 4) Mausi mal wieder zeigen, wer die Hoden anhat.

Da ist sicher was dran, doch der Hauptgrund liegt woanders: Ein Mann verkehrt gern nach einem Streit, weil Wut und Aggression sein Triebhormon pushen und noch ein paar andere Hormone, die alle zusammen die Lust ankurbeln. Das sind wohl Reste aus unserem tierischen Vorleben. Zwar legen unsere nächsten Verwandten, die Bonobo-Affen, Konflikte durch Kopulation bei (Pimpern for Peace, Patt durch Poppen), doch weiter verbreitet ist bei vielen Viechern das Schema: *Erst Kampf, dann Koitus.* Kampf gegen Konkurrenten oder widerwillige Weibchen, wohlgemerkt. Das Blöde ist bloß: Menschenfrauen sind höher entwickelte Wesen, die zwischen ihre natürlichen Triebe und den Beischlaf immer noch Denken, Gefühle und ihre To-do-Liste schalten. Das mit den lustfördernden Aggressionen findet bei den meisten höchstens ansatzweise statt.

Der Kniff: Drehen Sie's so, dass Sie der Verletzte sind, und sie ist die Schuldige – schmollen Sie, mimen Sie den innerlich schwer Getroffenen. Damit sie ankommt und ein paar versöhnliche Annäherungsversuche macht. Und da haken Sie dann ein und üben Vergeltung, indem Sie sie so richtig rannehmen. Rache ist Dampfwurst!

Sex mit Verflossenen | Ex-Sex

Ist es eine gute Idee, mit Verflossenen wieder ins Bett zu steigen? So bequem es zunächst scheint, so unbequem kann es im Nachhinein werden, musste Catherine feststellen.

Plötzlich sieht er doch wieder ziemlich attraktiv aus, und ich erinnere mich, warum wir damals überhaupt mal zusammengekommen waren. Vor fünf Wochen hatte ich Tim abgesägt (er war zu «klettig» geworden), es gab den üblichen Telefonterror, Selbsttötungsdrohungen, Überraschungsbesuche, dann beleidigte Funkstille. Ich war erleichtert, obwohl ich seinen wärmenden kuscheligen Körper bisweilen durchaus vermisste … Und nun steht er vor mir, in unserer Stammbar, er hat abgenommen und sich neu eingekleidet, beides steht ihm gut. Wir schäkern, ich aale mich in seinem Begehren, der Alkohol tut das Seine, ich frage, ob er bei mir übernachten will. Okay, okay, all meine Freundinnen sagen immer, Sex mit dem Ex bringe mehr Verdruss als Genuss; ich lasse mich trotzdem hinreißen, weil ich jetzt nicht allein in dem großen Bett sein mag, weil Schampus mich scharf macht, weil er ein guter Liebhaber ist.

Laut Statistik verschlägt's rund 30 Prozent aller getrennten Paare nochmals in die Horizontale. Ex-Sex hat ja auch einiges für sich: kein langes Gebaggere, keine Unsicherheiten, keine unangenehmen Überraschungen («oh je, ob das passt …?»), kein zielloses Gefummle, jeder Handgriff sitzt, man weiß, was man kriegt, und muss dabei weder den Bauch einziehen noch die Beine rasieren noch den Sexmaster mimen.

Dementsprechend ist unsere Neuauflage: bequem und druckstellenfrei wie ein alter Hausschuh, aber eigentlich nicht weiter erwähnenswert. Jedenfalls für mich. Tim sah das wohl ganz anders. Als er mich am nächsten Morgen fragte, wann wir uns wieder sehen, sagte ich: «Sicher irgendwann mal in der Bar.» Seine Gesichtszüge entgleisten, als hätte man ihm Peniskrebs oder lebenslange Impotenz diagnostiziert. Und während er mühsam die Fassung wahrte, legte er mir einen Fünfziger auf die Garderobe und entschwand türenknallend.

Ich kenne diese andere Seite nur zu gut. Ist zwar schon ein paar Jahre her, aber noch überaus präsent. Ach, wie hab ich diesen Thorsten geliebt. Und er ließ mich sitzen, wegen einer anderen. «Gewähr mir wenigstens noch diese eine Aussprache», hatte ich gebettelt, er kam vorbei, reden und trösten, es gab auch tröstende Küsse, ich machte fordernde Küsse daraus, und meine Hände gingen auf Wanderung, er ließ sich hinreißen, und im Bett legte ich mich voll ins Zeug, er sollte wissen, was ihm entging, wenn er nicht zu mir zurückkehrte ... Herrje, mit welch verzweifelter Leidenschaft ich mich über ihn hermachte, ihn umklammerte! Und mittendrin fingen die Tränen an zu laufen. Er merkte es erst, als er fertig war. Er guckte irritiert, stand auf und zog sich schweigend an – unfassbar für mich nach so intensiver Zweisamkeit. Das Nachspiel: Ich informierte seine Neue über unser Intermezzo.

Die Frage ist: Was bringt die Ex-Nummer? Wenn Ihre Verflossene noch auf Sie steht, kriegen Sie vielleicht Spitzensex, aber auch Psychostress und ein schlechtes Gewissen. Wenn Sie noch auf die Frau stehen, reißen Sie sich Ihre eigenen Wunden wieder auf. Wenn sich beide erfolgreich voneinander abgenabelt haben und das Bettrevival nur aus Gelegenheit, einem plötzlichen Anfall von Einsamkeit und Nostalgie oder aus einer Laune heraus passiert, wird es wahrscheinlich nur «nett», also etwas, was man sich genauso gut sparen kann. Denn dann ist der Nachschlag wie aufgewärmter Eintopf: sättigend, aber eben weder neu noch aufregend, und meist ist noch ein abgestandener Beigeschmack daran, der Ihnen nicht sehr behagen wird.

Klar, es kann auch sehr guter Sex werden, denn im Nachhinein ist immer alles schön, der Alltagsstress ist weg, vielleicht auch die Hemmungen, die oft mit «Liebe» einhergehen, denn nun hat man ja nichts mehr zu verlieren. Die Gefahr ist nur, dass die Verlängerung so toll wird, dass einer von beiden denkt, hmm, man könnte es ja doch nochmal miteinander versuchen … Und wenn Sie's dann tun, läuft es früher oder später wieder auf denselben Trennungs-Terz hinaus. Mein Rat: Geben Sie lieber einer Neuen die Chance, das zu genießen, was Sie bei ihren Vorgängerinnen gelernt haben …

Sexperimente

SEXPERIMENTE | Sonderwünsche

Sie würden gern ein paar ausgefallene Sachen mit Ihrer Lakengenossin ausprobieren? Catherine sagt Ihnen, wie Sie's an die Frau bringen.

Behauptete dieser Typ doch tatsächlich, ich sei nicht experimentierfreudig. «Du stellst dich vielleicht an!», sagte er noch, bevor ich aufstand und mich wieder anzog. Ignorant! ER war derjenige, der sich blöd anstellte. Versuchte beim Verkehr à tergo allen Ernstes, durch die Hintertür zu kommen – ohne Anklopfen, ohne Vorbereitung, ohne Eintrittserlaubnis.

Man muss doch erst mal checken, ob so was überhaupt genehm ist. Sogar schon beim Vorfühlen gilt es, Worte und Taten mit Bedacht zu wählen. Und nicht so wie dieser andere Klotz, der mich in unserer dritten Nacht mit einem exotischen Ansinnen überfiel. Ich erspare Ihnen den genauen Wortlaut; gepflegter ausgedrückt wollte er, dass ich meinen Unterleib auf ihn herabsenke und Wasser lasse. Dabei weiß doch jeder, dass Natursekt bei den wenigsten Frauen auf Gegenliebe stößt. Sind doch immer wir es, die nachher im nassen Fleck schlafen müssen.

Wer mir seinen Sonderwunsch per Holzhammer beibringt, riskiert, dass ich mich nicht nur davon abgestoßen fühle, sondern mich zudem frage: Wenn einer schon so anfängt, welche Abgründe werden sich da noch auftun? Am Ende entpuppt er sich womöglich als Perversling mit Peitsche, Pumps und Putzhandschuhen.

Erste Voraussetzung für Extravaganzen ist für Frauen, dass wir unseren Lover weit länger kennen als nur ein paar Nächte. Gut, es gibt Ausnahmen, etwa wenn wir betrunken, stoned, high vor lauter Lust oder auch alles zusammen sind. Aber dann folgt am nächsten Tag oft der so genannte «Sex-Hangover», der in der Regel auch noch damit einhergeht, dass man das Kondom vergessen hat. Allerdings: Wenn man einander schon aus- und inwendig kennt, kann ein Rausch (Alkohol, Drogen, Ekstase etc.) die letzten Vorbehalte gegen eine aufregende Neuerung hinwegwischen. Manchmal.

Normalerweise sollte mann's eher mit Bauer Just halten: «Imme sachte mit de Braut!» Damit sie sich nicht unter Druck gesetzt fühlt, muss mann das Thema *neutral* darstellen. Also bitteschön nicht «Die anderen Frauen, mit denen ich im Bett war, haben das auch alle gemacht!» oder «Ich will das unbedingt, und wenn du's nicht magst, muss ich wohl woanders ...». Nach so einer Ansage ist bei der Angesprochenen gleich die Klappe zu, selbst wenn's nur um Oralsex ging.

Ich wiederhole: Neutral! Man hat's gehört, gelesen, im Fernsehen gesehen, nächtlich geträumt oder was einem sonst so einfällt. Mein Derzeitiger sagt etwa: «Ein Kumpel von mir hat erzählt, er und seine Freundin hätten XY gemacht und fänden es total scharf.» Oder er reißt Witzchen à la «Hier, Mutzi, ist der Katalog, aus dem ich immer bestelle ... Such dir doch was Hübsches aus, wie das Hundehalsband mit den schmückenden Nieten oder die Popo-Pumpe aus intimfreundlichem Material.» Einschränkung: Scherze und Anspielungen auf die Praktiken anderer Leute gehen nur bei sexuell selbstbewussten Frauen! Ist die Ihre das nicht, müssen Sie sich sorgfältig überlegen, was bei ihr gut ankommen könnte.

Wie auch immer: Bei einem vehementen «Nee, damit kannst du mich jagen» verschont er mich fürderhin damit. Wenn ich aber nur erwidere: «Also das geht mir so ziemlich am Ar ... m vorbei», lässt er's erst mal auf sich beruhen in dem Wissen, dass das Thema in mir keimt, vielleicht sogar blüht. Falls es nämlich mein Ding ist, werde ich es ihn schon irgendwann wissen lassen.

Geben Sie Ihrer Süßen Zeit. Mindestens ein paar Wochen. Hat sie's inzwischen nicht wieder ins Spiel gebracht, tun Sie's – aber bitte dezent. Zum Beispiel: «Ich hab jetzt von einem Swingerclub gehört, der sehr gepflegt sein soll, auch vom Publikum her. Wollen wir uns den nicht wenigstens mal ansehen? Wir müssen ja nicht mitmachen.» Seien Sie offen für ihre Gegenargumente, und liefern Sie Vorschläge, wie man's so handhaben könnte, dass es ihr zusagt. Oder Sie machen – falls es eher um eine körperliche Praktik geht – einen winzigen Vorstoß, nur eine Andeutung, ein, zwei Fingerchen oder so ... Das Ganze verbinden Sie mit ergiebigem und leidenschaftlichem Vor- und Liebesspiel, denn: je heißer die Gute, desto tabuloser. Und desto unempfindlicher.

Sie fragen jetzt: Kann die Frau nicht einfach mal spontan offen sein für etwas, was übers Normalprogramm hinausgeht? Klar – wenn's eher harmlos ist, wie Waschmaschinen-Nummern, Intimrasuren oder Sex in Gummistiefeln. Aber bei Experimenten, die ihre Scham- oder Schmerzgrenzen überschreiten könnten, will eine Frau die komplette Kontrolle haben. Immerhin ist sie körperlich unterlegen, hat unterschwellig stets die leise Angst, dass ihr (Sich-drauf-)Einlassen dem Mann – oder den Männern – Tür und Tor öffnen könnte für unerwünschtes Vordringen. Dazu kommt die Befürchtung: Sobald sie seinem Begehr nachgibt, könnte das zur Folge haben, dass er ständig mehr von dem einen oder mehr an ausgefallenen Varianten will.

Sie bereden also vorher, was drin ist und was nicht, und machen ab, dass Sie sofort aufhören, wenn sie zum Beispiel «Pudel» sagt. Das kann nicht verwechselt werden mit «nein» oder «stopp», die schon mal Bestandteil gewisser Spielchen sein können, und lockert die angespannte Lage etwas. Auch äußere Anzeichen wie Tränen, Leichenblässe oder ein wutverzerrtes Gesicht sollten Sie auf keinen Fall übersehen. Darum passen Sie auf, dass *Sie selber* nicht allzu weggetreten sind! Denn wenn Sie beim Stichwort oder anderen Anzeichen des Unbehagens nicht rechtzeitig ablassen von Ihrem Tun, war's wahrscheinlich Ihr letzter gemeinsamer Ausflug ins Land der Sexträume ...

MÉNAGE À TROIS | Ritt zu dritt

Der flotte Dreier geistert durch fast jedes Männerhirn – aber natürlich nur mit zwei Frauen. Catherine berichtet aus der Praxis.

Nach dem Saunagang fläzen wir uns nackt und Burgunder süffelnd auf den Chill-out-Liegen. Ein befreundetes Paar hat mich zum «Wellness-Abend» eingeladen, und ich lobe artig ihre Luxushütte. Tanja, eine zierliche Rotblonde (selbst ihr Busch ist rot!), lobt im Gegenzug meine schöne Haut. Sie streicht über meinen Schenkel, deutlich zu lange für eine Tastprobe. Ahnte ich's doch, dass sie lesbische Neigungen hat. Ihre zarte Berührung elektrisiert mich. «Fühl doch mal», sagt sie zu ihrem Tom, der auch sehr ansehnlich ist, vor allem an einer Stelle. Und schon fährt seine Hand meinen Rücken lang, indes die ihre sich zu meiner Hüfte hocharbeitet.

Mir schwant: Ich bin in eine konzertierte Aktion geraten. Aber macht nichts; Freund Alkohol trägt mein Zaudern hinfort, und ich lasse mich fallen in ein hypnotisierendes Gewühl von Händen, Mündern und fremder warmer Haut …

Zwei Hasen, ein Hengst: Neun von zehn Männern träumen davon und sicher auch Sie. Natürlich sind es zwei Spitzenhasen, die unermüdlich damit beschäftigt sind, sich dem Vergnügen des Paschas zu widmen, den sie selbstredend auch noch anhimmeln. Natürlich beschert der Pascha ihnen mühelos himmelhohe Gipfel, und in den Päuschen, in denen er sich ausruht, treiben die beiden geile Lesbenspiele.

Tut mir ja Leid, dass ich Ihnen Ihre Lieblingsphantasie vermiesen muss, aber die wird höchstens dann wahr, wenn Sie dafür bezahlen (und zwar teuer!) oder sehr berühmt sind (oder beides). Normalerweise sieht die Realität ganz anders aus: Da wird's schon beim Vorspiel happig. Eine Frau wird nun mal nicht richtig davon erregt, nur den Partner anzuheizen und selber kaum was abzukriegen. Zwei Freundinnen von mir verführten einst aus einer Urlaubslaune heraus ihren Skilehrer. Aber übermäßig heiß, sagen sie, war die Nummer nicht; es fühlte sich immer eine etwas vernachlässigt oder überflüssig. Der Brettlkönig beherrschte die Kunst der Triolen-Choreographie nicht: die Kiste immer am Knistern zu halten beziehungsweise beide Mädels in Erregung. Eine Frau zwischen zwei Männern hat's da leichter, weil sie ja mehrere Öffnungen besitzt, an denen sich die Herren verlustieren können. Und sie muss nach dem Kommen auch keine Zwangspause einlegen.

Jedenfalls: Bei unserem Dreier hat Tom das Glück, dass Tanja bi ist und sich voller Lust mit mir befasst, derweil er an ihr herumschraubt. Als Frau weiß sie ja, wie sie mich anpacken muss. Ein süßer Kitzel ergreift meinen ganzen Körper. Ich muss kaum mehr tun als hinhalten. Ganz mein Geschmack.

Dann wird eine meiner lang gehegten Phantasien wahr: Zipfel und Zunge zugleich zu kriegen. Fieserweise hört die rote Hexe kurz vor meinem Orgasmus auf, weil sie jetzt auch mal ihren Spaß haben will. Und da ich keine Anstalten mache, mich ihr zuzuwenden, bedeutet sie Tom, sich auf der Liege langzumachen, damit er sie oral beglücken kann, während ich ihn reite. Doch Reiten allein reicht mir nicht; ich beanspruche seine Hände, eine für oben, eine für unten.

Ähem … Sind die meisten Männer schon überfordert, *eine* Frau zu befriedigen, sind sie's bei zweien erst recht. Also der Unsere hat *alle Hände voll* zu tun, vor allem mit mir. Wie Tanja da so halb gebeugt über Tom steht, um sich ihm auf der richtigen Höhe zu präsentieren, zittern ihre leicht zellulitischen Schenkel vor Anstrengung und ihre kleinen Tütenbrüste mit den riesigen Warzen auch – kein Wunder, dass er nur noch in meinen Formen schwelgt. Jedenfalls leckt er ihr nicht gut genug. Es reicht halt nicht, einfach den Lappen in die Lippen zu halten.

Er kriegt sowieso nicht mehr viel mit. Zwei Weiber gleichzeitig! Er ist weggetreten wie ein Kind im Bonbonladen.

Sie richtet sich auf und streckt mir ihre Kleinodien vors Gesicht, sie glänzen vor Nässe und riechen eindeutig danach. Ich habe keine Lust, sie zu schmecken, schiebe sie weg und justiere seine Hände wieder an mir. Da steht sie und schaut auf mich und ihren Gatten herab, mit einer Mischung aus Frust, Bestürzung und Eifersucht. Ich gebe ihr einen Blick zurück, der ausdrückt: Das war doch deine Idee, Mädel, dass ich's mit euch treibe! Sie sagt: «Du Schlampe!» Ich sage: «Stimmt genau», und habe einen genialen Höhepunkt, worauf auch er sein Pulver verschießt.

Danach springe ich in den Pool und sehe, indem ich mich entspannt herumtreiben lasse, zu, wie sie sich abmüht, mittels seiner ihr allzu vertrauten Zunge zu kommen. Ist eben nicht so einfach mit Wut im Bauch. Tja, hätte sie wohl vorher mit ihm abklären sollen, was *drin* sein soll und was nicht. Beziehungsweise die beiden hätten sich überhaupt überlegen sollen, ob es ihrer Ehe wirklich gut tut, eine weitere Frau ins Intimleben zu lassen. Also ich würde meinen festen Schatz nicht mit einer anderen teilen wollen. Träumen kann er meinetwegen gern davon – aber realisieren … nicht mit mir. Ein Ritt zu dritt funktioniert, glaube ich, meistens besser zwischen Leuten, die nur locker verbandelt sind. Und selbst da kann's noch zu Missstimmungen kommen. Sex als reines Trieb-Ausleben unter Ausschaltung von Herz und Kopf, das klappt eben oft nicht.

Wie auch immer: Ich hätte das nette Erlebnis mit Tom und Tanja gern wiederholt, aber die beiden haben sich nie wieder gemeldet. Komisch … Egal – den nächsten Dreier will ich ohnehin in der Konstellation, wie *ich* sie erträume: zwei fesche Jungs ganz für mich allein …

FOODSPIELE | Der Appetit kommt beim Essen

Lebensmittel im Bett sind eine geniale Verbindung von Essgenuss für den Aktiven und Fühlgenuss für den Passiven. Catherine hat's ausprobiert.

Drei Tage lang haben mein Derzeitiger (Jan) und ich jetzt alle möglichen Esswaren im Bett getestet, und so viel kann ich schon mal verraten: Es war überaus vergnüglich und sinnlich. Und ich konnte endlich mal wieder meiner süßen Leidenschaft frönen. Die kam gleich als Erstes dran: Mousse au Chocolat, Schokopudding, Schoko-Sauce, Nutella. Ich verteilte von allem etwas auf Jans Vorderseite – zugegeben, etwas unappetitlich sieht's schon aus! – und leckte mich von oben nach unten durch. Testurteil: Die dünne Sauce zerläuft leider schnell, Nutella ist zu zäh und nie spurenfrei abzukriegen, Pudding ist nullkommanix aufgeschlürft, aber die Mousse, olala – sie hat die optimale Konsistenz und ist genau richtig gehaltvoll, sodass man weder zu kurz noch zu lang und sehr lustvoll beschäftigt ist. Noch nie hatte ich meinen Mund mit so viel Genuss am Manne!

Aufgetragen werden die Desserts übrigens am besten mit einem großen Löffel und die Nuss-Nougat-Creme mit einem breiten Messer, wobei man mit Letzterer sparsam sein sollte, denn eine Überdosis erzeugt Übelkeit.

Jan begann mit Joghurt, Vanillesoße, Pudding, Eis und Obstscheiben. Er garnierte meinen Rücken in farbenfrohen Ornamenten und ließ mich raten, was er mir da gerade aufpackte. Der Kälte-Effekt erzeugte wohlige Schauder. Nur das Eis war entschieden *zu* kalt! Ansonsten fand ich es herrlich, vor allem, wie Jan die Leckereien ohne Zuhilfenahme der Hände, aber unter vollem Einsatz von Lippen, Zunge und Zähnen langsam aufaß. Und als er weiter unten angelangt war, musste ich mich mühsam zurückhalten, mich nicht umzudrehen und ein wüstes Muster ins Laken zu drücken.

Die Reste entfernte er mit einem bereitgelegten Waschlappen, dann applizierte er Götterspeise auf meine Vorderseite. Sie fühlt sich klasse an (man spürt das Zittern), und erst das schlürfende Saugen, mit dem er sie in seinen Mund beförderte! Aber das Glibberzeug muss auf Stellen aufgebracht werden, wo es sicher liegen bleibt – denn es rutscht leicht ab und macht fiese Flecken im Bett. Zum Glück hatten wir ein dickes Badetuch untergelegt.

Jans Favorit war eine Creme mit Schokostückchen, die er mir löffelweise auf die halb geschlossenen Lippen gab, um sie von dort teils herunterzuküssen, teils mit der Zungenspitze in meinen Mund zu schieben. Oh boy, das machte Appetit auf mehr!

Sie fragen jetzt, wo bleiben die Klassiker Sahne und Honig? Pah! Das sind doch bloß Klischees à la 9 1/2 Wochen – mir ist Kartoffelsalat lieber. «Das ist doch voll unerotisch», sagte Jan beim Einkauf, «soll's dann auch noch ein Schnitzel dazu sein?» Ich erwiderte: «Ist es erotisch, wenn mir von Sahne und Honig schlecht wird?» Und packte gleich noch diesen hauchdünnen Putenschinken und Cocktailtomaten dazu. Zum Abendessen von Bauch zu Bauch sozusagen.

Einen Vorteil hat Sahne: Es gibt sie zum Sprühen, und allein das Auftragen fühlt sich sehr witzig an. Jan applizierte am dritten Tag Kreise um meine Brüste, setzte in die Mitte eine Kirsche und lachte sich über den Anblick kringelig, bevor er sich darüber hermachte.

Auf jeden Fall muss die Sahne frisch sein, denn sonst heißt es: «Sag mal, Schatz, ist das Zeug ranzig – oder bist du das?» Dann schon lieber Joghurt und Quark. Die sind leicht, bekömmlich, nebenbei gut für die Haut und machen nicht dick. Ebenso wie Salate. Männer bevorzugen ja oft Herzhaftes, zumal es sich besser mit gewissen weiblichen Aromen ergänzt. Thunfischsalat etwa, oder auch ganz Schlichtes wie eben Kartoffelsalat, oder Gurken. Gerade saure Gurken sind sowohl mit dem Milieu der Scheide kompatibel als auch in der Form.

Natürlich tun Sie den Salat nicht IN, sondern AUF die Frau: Alles, was sich streichen, gießen, kleben und legen lässt, eignet sich für außen, Festes auch für innen. Nur Zuckerhaltiges muss außen vor bleiben, denn es fördert Scheideninfektionen. Wenn also sein Penis mit Pudding oder dergleichen überzogen ist, sollte die Frau ihn gut ablecken, bevor sie sich draufsetzt!

Obst geht gut. Schon die alten Orientalen kultivierten fruchtige Liebesspiele, indem sie Pflaumen, Kirschen, Apfelstücke in ihre Damen einführten, eine Weile ziehen ließen, dann per Hand oder Mund wieder herauspfriemelten und verspeisten – türkische Früchte! Allerdings finde ich, dass das natürliche Bukett einer Frau besser zu Gemüse als zu Obst passt – vor allem wenn sie nicht mehr ganz jung ist. Gewisses Gemüse (Karotten, Zucchini u. Ä. – für Elefantenkühe auch Auberginen!) eignet sich besser für zusätzliche Spielchen.

Wie wär's mit einer Überraschung für Ihre Liebste? Bei manchen Herrenabenden dienen ja nackte Nymphchen als Büffet. Von ihrem flachgelegten Körper dürfen die Geladenen dann Sushi und andere Häppchen pflücken. Ähnliches ist auch im privaten Bereich denkbar, etwa indem Sie die Ihre mit Häppchen garnieren und diese langsam herunteressen. Natürlich geht das auch mit vertauschten Rollen, indem Sie sich Ihrer Naschkatze als Unterlage zum Picknick anbieten. Hierbei wäre zu beachten: Legen Sie nur Speisen auf, die sie mag und die zu Ihrer Anatomie passen. Frischkäse in einem dichten Beet von Brusthaaren oder Schinken, der auf einer feisten Plauze klebt, ist fürwahr kein ästhetischer Genuss; immerhin isst das Auge mit. Zudem sollten Sie Schatzis Diätplan berücksichtigen: Menge und Kaloriengehalt müssen stimmen. Wobei – das kann man ja gleich wieder abtrainieren …

Lustmittel | Wollust-Wunder

Sexshops bieten alle möglichen Lustmittelchen zum Schlucken und Auftragen. Bringen sie wirklich was? Catherines Praxistest.

Ich stehe im «Sarah Young»-Shop und habe die Qual der Wahl. Meine Mission: eine kleine Palette an Lustmitteln aussuchen und mit meinem Hasen ausprobieren. Mit Jan bin ich ja nun schon einige Monate zugange, das Feuer der ersten Wochen ist allmählich abgeflaut, von daher kommt der Test nicht ungelegen.

Vor mir in bunten Packungen mit aufreizenden Bildchen von freizügigen Damen liegen Tropfen, Tabletten, Cremes, Lotionen und Parfums verschiedenster Inhaltsstoffe, doch alle mit demselben Ziel: mehr Lust, mehr Potenz, mehr Sex.

Ich bin die einzige weibliche Kundin, studiere ausgiebig das Angebot und ernte konsternierte Blicke der anwesenden Männer: Was macht'n die da? Ich kann mir genau vorstellen, wer das Zeugs sonst so kauft. Atze aus Altona, dessen Else einfach nicht mehr heißläuft, wenn er ihr Bärchen krault. Das hat doch früher immer einwandfrei funktioniert! Da die horizontale Kommunikation der beiden lahmt, geht er lieber zu Beate Uhse & Co und investiert ein paar Euro.

Ferner Erwin, Busfahrer oder Buchhalter: Er hat wenig Glück bei den Frauen. Ein Blick in den Spiegel würde zwar genügen, um die Ursache auszumachen, aber Erwin fehlt es an Selbsteinschätzung oder am Willen zur Veränderung. Auch er lässt sich von den kühnen Verkündigungen der Kartönchen oder Kataloge verlocken und versucht es erst einmal mit dem einfachen Weg. Sein Zaubermittel soll ein Sexparfüm sein, oder ein Fläschchen, so klein, dass es in seiner Hand verschwindet und er daraus heimlich etwas in das Getränk schütten kann, das er dem Opfer seiner Wahl hinstellt.

10 ml «**Wollusttropfen**» kosten stolze 16 Euro, aber die Packung sieht immerhin viel versprechend aus: Eine heiße Brünette sitzt mit weit gespreizten Beinen vor der Badewanne, die Lippen oben und unten sehnsüchtig geöffnet ...

Laut Anleitung nimmt man's, «um sich sexuell unheimlich anzuheizen (starker Drang nach sexueller Betätigung) ...». Es schmeckt schauderhaft bitter, drum rät der Hersteller, es mit Portwein oder Sherry zu mischen: «Dies gibt einen wirksamen Liebestrank.» Ich schätze, was da vor allem wirkt, ist der Alkohol. Ich verabreiche es mir nach einem lauschigen Dinner mit Jan, und zwar 30 statt der empfohlenen 20 Tropfen. Nichts passiert. Jan befingert mich lüstern und fragt: «Spülen oder kuscheln?» – «Spülen», sage ich. Danach pfeife ich mir noch eine Ladung der angeblichen «Scharfmacher» ein, fühle mich aber kein bisschen wollüstiger als sonst.

Genau denselben Effekt – nämlich keinen – erbrachte die berüchtigte «**Spanische Fliege**». «Erregende Wollust und spanisches Temperament», verheißt der Text. «Steigert schnell das sexuelle Verlangen ... der Kitzler der Frau wird kräftig durchblutet.» Da der Katalog eines Sexversandes androhte: «Unauffällig untergejubelt können und wollen SIE und ER nur noch das EINE!», jubelte mein Wonneproppen mir die Tropfen auch mal unauffällig unter – im Campari-Orange ist es kaum auszumachen. Danach wollte ich tatsächlich nur noch das eine: nämlich schlafen. Keine Rede von verstärkter Durchblutung genitaler Kleinteile, auch in den Folgetagen nicht, in denen wir das Zeug nochmals erprobten.

Unser nächster Kandidat: ein **Sexparfum** für Männer. Der Beipackzettel des «unwiderstehlichen Wunderdufts» behauptet: «Es enthält schnell wirkende Pheromone (Sex-Lockstoffe), die unterschwellig von der Frau aufgenommen werden und ihren weiblichen Urtrieb wecken. Völlig unbewusst können bei IHR Liebes- und Sexsehnsüchte wach werden ...» Und er enthält drei ausführliche Geschichten von Männern, die mit dem Parfum einschlägige Erfolge hatten: bei der Kollegin, in der Szenekneipe, bei der eigenen Gattin. Ergänzt vom Foto eines Jeanstypen mit offenem Hemd, an dem zwei nackte Blondinen kleben. Sicher verlockend für Atze aus Altona und Busfahrer Erwin.

So prollig das Cover aussieht, so unappetitlich riecht das Wässerchen: Da könnte man sich genauso gut einen Klostein um den Hals hängen. Um auszuprobieren, ob es mich vielleicht am lebenden Objekt anmacht, sprühe ich meinen Schatz ordentlich damit ein und schnüffle ihn immer wieder ab. Selbst als es auf seiner Haut warm geworden ist, erwachen bei mir keine «Sexsehnsüchte», im Gegenteil: Dieses Zeug turnt mich eher ab. Aber die Geschmäcker sind ja verschieden – vielleicht wirkt's bei anderen Frauen …?

Ich schicke ihn los, er soll mit seinem Kumpel auf die Pirsch gehen. Sein Testbericht: Im Biergarten liefen ihm nur ein paar Hunde nach, und beim Rundgang durch drei Bars und zwei Clubs, wo er diversen Damen etwas näher auf den Pelz rückte, gewann er allmählich den Eindruck, er suche sich instinktiv «asexuelle» Frauen aus.

«Asexuell» komme auch ich mir vor, wenn ich meine Reaktion auf die «**Itch Cream**» mit den Prophezeiungen des Herstellers vergleiche (zu deutsch «Jucksalbe», auch als «Kitzler-Reizcreme und Orgasmusverstärker» bezeichnet). «Erbsgroße Menge auf den Kitzler aufgetragen, erzeugt bei der Frau ein unwiderstehlich schönes Juckgefühl; das sofort auftretende Wärmegefühl stärkt das Verlangen zum Liebesakt. Der Orgasmus der Frau kommt durch den herrlichen Juckreiz fast wie von selbst.»

Bei mir brennt die Salbe ganz leicht beim Einreiben, dann ein paar Minuten ein leises Kitzeln, was ich eher lästig als lustig finde, dann: nix itchy, nur glitschi. Ist zunächst ein ganz angenehmer Gleit-Effekt für Jans Fingerübungen, aber wird schnell irgendwie klebrig und unerotisierend. Von «Verlangen» keine Spur, von Orgasmus schon gar nicht. GV fällt aus wg. genitaler Trockenheit.

Nun soll auch er was zum Einschmieren testen, nämlich die «**Sex-Kraft-Creme**». Laut Schachtel bewirkt die etwas streng riechende Salbe «eine sofortige wohltuende Organdurchblutung ... und stärkt damit direkt die Liebesfähigkeit des Mannes». Man soll «auf Glied, Eichelkranz und Schaftende eine bohnengroße Menge Creme auftragen und einmassieren». Kaum ist er fertig damit, steht sein Teil. Täte es mit Nivea auch. Nur dass Nivea nicht nach einer halben Minute anfängt zu brennen. «Shit, das brennt so, dass es wehtut», flucht er. Er rennt ins Bad und wäscht sich das Zeug zehn Minuten lang ab. Selbst danach springt er noch im Viereck. An Verkehr ist gar nicht zu denken, zumal ich sage: «Bleib mir bloß fern! Die Teufelsschmiere will ich nicht auch noch an meinen empfindlichsten Stellen haben!» Ist wohl eher was für Leute, deren Genitalien schon fast taub sind – oder gut als Rheuma-Salbe.

Dann doch lieber was für den ganzen Körper: Die «**Exzess Body Lotion**». Fast 20 Euro für diese kleine Flasche, die nach billiger Kaufhaus-Lotion aussieht und meines Erachtens nur stinknormale Körpermilch enthält, versetzt mit Parfum. Aufschrift: «Ein sinnliches Prickeln und ein verführerischer Erotik-Duft steigern die Lust und die Sinnlichkeit.» Meiner Nase gefällt's, meinem Hasen nicht: «Du stinkst wie ein Moschus-Ochse», befindet er, nachdem er mich von Hals bis Fuß eingerieben hat. «Na, prickelt's schon?» Nein, keine Spur. Trotzdem schieben wir an dem Abend zwei gute Nummern. Ich bin mir nicht ganz sicher, ob es nur an seiner hingebungsvollen Massage lag oder nicht auch am Duft, der mein Gehirn irgendwelche sexualförderlichen Hormone produzieren ließ. Darum creme ich mich am nächsten Tag selber damit ein, kurz bevor Jan zu mir kommt. Also ein wenig scheint mich der Geruch tatsächlich anzumachen ...

Fazit: Selbst bei den Mitteln, die ansatzweise wirken, steht die Leistung in keinem Verhältnis zum Preis. Die effizientesten Scharfmacher sind immer noch Champagner, Schoko-Trüffel, wohlgeformte Körper und ein Paar neue Gucci-Schuhe. Oder so.

Hot or not?

Die häufigsten Inhaltsstoffe von Lustcremes und -tropfen:

- **Cantharis** («Spanische Fliege»), ein hochgiftiger Käfer, dessen Pulver bei uns nicht frei verkäuflich ist, denn schon 4 mg wirken tödlich. Erhältlich ist es jedoch in homöopathischen Zubereitungen – so stark verdünnt, dass Schulmediziner ihnen die Wirksamkeit absprechen.
- **Damiana:** Wurzel einer mexikanischen Pflanze. Der Tee wird in Südamerika traditionell gegen Impotenz, Orgasmusprobleme und weibliche Sterilität getrunken.
- **Yohimbin** («Potenzrinde») von einem afrikanischen Baum verstärkt bei vielen tatsächlich die Durchblutung der Beckenorgane und die Hautsensibilität. Kann erhöhten Blutdruck, Herzrasen, Übernervosität verursachen.
- **Muira Puama** («Potenzholz») aus dem Amazonas: Studien ergaben, dass es bei manchen den Trieb erhöht und die Reaktion der Geschlechtsorgane verbessert.
- **Ginseng** gilt bei den alten Chinesen seit jeher als potenzfördernd; manche Heilkundler behaupten, er harmonisiere bzw. ergänze die Sexualhormone.
- **Nikotinsäure** in Salben sorgt für stärkere Durchblutung; kann aber brennen.
- **Substanzen wie Moschus, Ambra, Pheromone** sollen via Nase und Gehirn die Ausschüttung von Botenstoffen bewirken, die die allgemeine Erregbarkeit steigern.

Sextoys | Kleine Brummer

Können Sextoys das gemeinsame Liebesspiel aufpeppen? Aber ja! Wenn Sie Catherines Einführungstipps beherzigen.

Wie Sie mittlerweile vielleicht wissen, gehöre ich zu den Frauen, die eine Weile brauchen zum Höhepunkt. Daher horchte ich erfreut auf, als ich neulich las, dass Frauen mittels eines guten Vibrators in ein bis drei Minuten kommen können. «Du, Hase», sagte ich, «sollen wir auch mal so einen Zitterfinger mit ins Bett nehmen?» Zunächst hatte er Bedenken: «Der kleine Brummer könnte dir besser gefallen als meiner …» Ich beruhigte ihn: Ein Vibrator ist kein echter Ersatz für einen Schwanz, an dem immerhin noch ein paar Finger und eine Zunge dranhängen! Aber erst die Aussicht, dass das Toy so manch lahme Hand oder gar Sehnenscheidenentzündung verhüten könne, überzeugte ihn.

Schon zwei Tage später, wir waren gerade mitten im Stoßverkehr, zog er so einen hautfarbenen geäderten Kollegen unterm Bett vor und wollte ihn hurtig in mir platzieren. «Halt ein!», rief ich, «das kommt mir gar nicht in die Tüte!» Er hatte zwei kapitale Schnitzer gemacht: Erstens, überfallartiges Einführen ist die denkbar ungünstigste Art der Integration von Vibratoren, zweitens erinnern mich diese naturgetreu geformten Ersatzpimmel an amputierte Körperteile. Igitt! Wenn schon, dann solche mit witzigem oder edlem Design, die man sich auch in die Vitrine stellen könnte. Zudem hatte die harte Plastikgurke auch noch scharfe Kanten und einen nervtötenden Sound. Massenware aus Fernost, nein danke!

Als Nächstes schleppte er einen stilisierten Maiskolben an. Sah zwar sympathischer aus, aber der Gummikamerad roch eher streng. Für ein geruchsneutrales und hautfreundliches Silikon-

Toy war mein Herzallerliebster wohl zu geizig gewesen! Ich spielte ein wenig mit dem gelben Lümmel herum, hielt ihn meinem Hasen an den Sack (er fand's nur so mittel) und stellte enttäuscht fest, dass schon nach einer Viertelstunde die Batterien leer waren.

Besser wäre natürlich ein Kribbler mit Netzstecker, aber die sind schwer zu kriegen und ganz schön teuer. Mindestens 100 Euro, aber dafür halten sie auch ein Sexualleben lang. Meine Freundin Ines hat mir gesteckt, dass man genauso gut «Massagegeräte» aus dem Kaufhaus nehmen kann (anständige Ware ab ca. 50 Euro). Auf der Verpackung hält sich zwar meist eine Dame das Ding an die Schulter oder Wange, aber jeder weiß, wofür sie eigentlich gedacht sind.

Männer irritiert es erst ein wenig, dass diese Apparate eher an spacige Mixer als an Phalli erinnern, ABER – hört, hört! – die wenigsten Frauen führen sich Vibratoren ein, wenn sie kommen wollen. Jaja, die Damen auf den Videos machen das dauernd, aber nur, weil's geiler aussieht. Die meisten realen Mädels legen sie außen an. Theoretisch könnten sie auch eine elektrische Zahnbürste nehmen (was ja einige tatsächlich tun). *Dildos* sind für innen, aber die bringen lusttechnisch nicht viel. Finde ich zumindest. Falls Sie's nicht wissen: Dildos sind phallusförmig, finger- bis armdick und OHNE Vibration. Es gibt allerdings Frauen, deren Orgasmus durch die «Füllung» verstärkt wird, während ihr Partner seine Zunge oder Finger schwingt; oder die beim Verkehr auch gern was Kleineres im Anus haben. Aber dafür muss man sich nicht unbedingt einen Dildo anschaffen. Eine Gurke, Karotte o. Ä. tut's auch, ist billiger und hygienischer (kann man danach einfach wegwerfen) und erspart den oft peinlichen Gang in gewisse Shops. Tipp: Kanten und Spitzen vorher entfernen! Oder man nimmt einen Vibrator und schaltet ihn einfach nicht ein.

Überflüssig finde ich auch «Liebeskugeln»: Das sind zwei aneinander hängende tischtennisballgroße Kugeln mit einem Schnürchen zum Wieder-Rausziehen. Der Lust bringende Effekt soll darauf beruhen, dass in den Kugeln nochmal eine kleinere Kugel ist, die sich bewegt, wenn die Frau sich bewegt, und ihr so zum Beispiel öde Bürostunden oder das Staubsaugen versüßen sollen. Soll, sollen …

Aber: Ein paar Freundinnen und ich haben die Dinger getestet, und sie hatten nur einen Effekt: Wir wollten sie so schnell wie möglich wieder loswerden! Vielleicht muss man wild damit rumrennen, damit sie merklich «puckern», aber wir haben's nicht rausgekriegt. Das Geld ist in einem Minivibrator, den es schon ab ca. 8 Euro gibt, wesentlich besser angelegt.

Überhaupt ist alles prima, was wackelt und surrt: kleine Toys, Butterflys, batteriebetriebene Überzieher für den Penis usw.; die kann man auch ab und zu ins Vorspiel einbauen. Nicht schlecht sind diese Vibrator-Kombi-Sets mit einem schmaleren schlichten Grundgerät und verschiedenen Aufsätzen. Allerdings sollte man stets auf gute Qualität achten: Das Material muss weich und hautfreundlich sein und darf keine Schweißnähte u. Ä. aufweisen (Verletzungsgefahr!). Hat das Ding eine Außenbeschichtung, die sich im sauren Scheidenklima auflösen könnte? Einen penetranten Sound? Nerven Sie die Sexshop-Verkäuferin ruhig mit einem ausgiebigen Praxistest. Billigkram aus Fernost geht oft sehr schnell kaputt.

Ines' Geheimtipp ist jedoch eine «Madonna». Das sind aufwändigere Joysticks mit ein bis zwei zuckenden Neben-Fortsätzen (einer für vorne, der andere, falls vorhanden, für hinten); die Eichel des Haupt-Phallus vibriert nicht, sondern kreist, und im Schaft rotieren Perlen, die am Scheideneingang kribbeln. Sprich: So einen Wonneproppen steckt frau sich doch gerne rein, weil der seitliche Kitzler-Kitzler fürs Wesentliche sorgt.

Klar, dass ich mir so ein Ding sofort besorgte (stolze 100 Eier!). Klingt in Anwendung zwar wie ein Rührgerät, das sich durch zähe Masse quält, trotzdem bin ich noch nie so schnell weggeflogen. Eine Minute! Oh heilige Dreifaltigkeit!

Falls Ihre Maus Vibrator-unerfahren ist (wie vier Fünftel der deutschen Frauen), sollten Sie nicht gerade mit dem Dreiarmigen anfangen. Bringen Sie ihr am besten o. g. Space-Mixer aus dem Kaufhaus mit, massieren Sie sie damit an Rücken, Nacken, Beinen, Po ... Lassen Sie sich Zeit, bis Sie zur Hauptsache kommen, und sie wird es sehr genießen. Überhaupt, ganz wichtig: Ohne eine gewisse Grundgeilheit finden die meisten Frauen Sextoys eher fies. Und Gleitmittel gehört immer dazu! Es sei denn, die Ihre ist SEHR feucht.

Und wo wir gerade warnen: Bei einer Lakengefährtin, deren Vorlieben man noch nicht so gut kennt, sollte man mit Sextoys vorsichtig sein – es könnte die Gute verschrecken! Wenn ein brandneuer Lover die Spielsachen-Tüte von Beate Uhse hervorzaubern würde, wäre ich weg! Wer schon anfangs dieses Zeugs braucht ...

Mein Hase jedenfalls war von unserem flotten Dreier mit der Madonna so begeistert (allein der Anblick ...!), dass er sie fortan ständig dabeihaben wollte. Ich gebot Einhalt: «So erfrischend der rasche mechanische O zwischendurch auch sein kann – was du mir mit deinen Gottesgaben bescherst, ist ungleich intensiver und hält länger vor!» Außerdem sind Vibratoren weder badewannentauglich, noch kriege ich von ihnen ein Nachspiel.

Auswärtsspiele

Sind Frauen offen für Sex an ungewöhnlichen Orten? Catherine denkt: Im Prinzip ja, aber …

Neulich erzählte mir eine Freundin, sie und ihr Liebster hätten es im Treppenhaus getrieben. Nachts darauf träumte mir, ein Gesichtsloser hätte mich im Fitness-Studio verführt. Beides fand ich sehr anregend, zumal mein derzeitiger Schatz mosert, wir würden immer nur im Bett landen. Tatsache ist: Weibliche Sex-Phantasien spielen fast nur außerhalb des Schlafzimmers. Aber (ein großes ABER!): Die Realisierung muss gut bedacht werden, denn es lauern der Pannen viele, der Hindernisse erst recht. Ich weiß, wovon ich rede. Zum Beispiel hab ich's mal am Strand gemacht. *Alle* Frauen träumen von Liebe am Strand, das weite Firmament funkelnder Sterne über sich, das Tosen oder Plätschern (je nach Typus) der Wellen neben sich … Tja. Wild romantisch war nur das Knutschen. Der Koitus selbst wurde getrübt durch massig Sand im Getriebe – haftet ja vorzüglich an den feuchten Stellen – und durch Heerscharen von Stechmücken. Wir mussten mittendrin abbrechen, weil ich innen Wundschmerz hatte und außen einen Juckreiz, der mich schier durchdrehen ließ.

Nun könnte man den Akt ja auch ins Wasser verlegen, denn das ist der weibliche Lieblings-Kopferotik-Ort Nummer zwei, wie mir mein Süßer anhand einer Umfrage-Liste belegte. Doch im See oder Meer visioniert unser inneres Auge bissige Fische, Blutegel, Seeigel und ähnliches Getier. Vor allem im Dunkeln. Ist Ihnen schon mal aufgefallen, dass Gewässer nachts zu schwarzen Löchern werden? Unheimlich. Tags umkreisen einen dafür Dutzende naseweiser Bälger mit Taucherbrillen (Aufklärungsunterricht live!). Die hat man im Schwimmbad mit noch höherer Dichte, dazu bebrillte Sportschwimmer und patrouillierende Bademeister. Whirlpools wären in der Hinsicht besser, vor allem, wenn man einen so ziemlich für sich hat, in einem Luxushotel oder so. Doch die wiederum verbieten sich wegen der Killerkeime. Weiß ja jeder, dass Whirlpools wahre Brutstätten für Bakterien & Co sind, und der Pimmel reibt sie in die Scheidenflora. Drei Wochen Sexentzug wegen Intiminfekt – nein danke.

Also abgehakt. Wunschlocation Nr. 3: Wald und Wiese, frei nach dem Motto: Fummeln, bumsen, blasen – alles auf dem Rasen. Ist der Rasen weg – machen wir's im Dreck. Aber: Grashalme, Steine, Ästchen pieken, Ungeziefer ohne Ende, dazu Hundekacke-Geruch in der Nase, Kälte, Feuchtigkeit, Rheumaattacken oder auch Heuschnupfen und juckender Ausschlag, so man denn gegen Natur allergisch ist … hatte ich alles schon. Lenkt mich ab, nervt mich, stört meine Lust. Bin halt eine Frau und kein Wildschwein.

Außerdem behagt es mir nicht, dass mir wildfremde Spaziergänger in den Unterleib gucken könnten. Was zusätzlich ablenkt: Man muss auch noch gut aussehen dabei! Apropos: Wird man im Naherholungsgebiet in flagranti ertappt, ist das Erregung öffentlichen Ärgernisses nach 1183a StGB (Strafen bis zu einem Jahr Knast!), genauso in Nah- und Fernverkehrsmitteln, Kinos, Fahrstühlen etc.pp.

«Wie wär's dann mit einer Nummer in deinem Büro?», fragte Schatzi. Auch gegen den feuchten Frauentraum Nr. 4, den Arbeitsplatz, hatte ich Vorbehalte: Würde ich erwischt, und sei's auch nur von der Putzfrau durch's Schlüsselloch, wären meine Tage in diesem Betrieb gezählt – soll ich jahrelang mit hochroter Visage Spießruten laufen?

Am probatesten erschien mir da noch die Nr. 5, das Auto, was wir bei nächstbester Gelegenheit in die Tat umsetzten. Meinem Hasen gefiel's, mir weniger, ich zog's nur des Experiments halber durch. Puh! Drangvolle Enge, schlechte Luft, klebriges Kunstleder, der Gangknüppel im Oberschenkel, das Lenkrad zwischen dem

3. und 4. Lendenwirbel; ich knallte mit dem Kopf an die Decke, weil er unten lag, typisch, während ich mir die Knie wund schubberte. Im allgemeinen Tohuwabohu kam er an den Warnleuchten-Knopf, alles blinkte, ich: «Schatz – willst du nicht gleich ein Neonschild aufstellen: ‹Sex-Liveshow›?»

Also auch nicht das Wahre. Ich bat Freundinnen um Tipps. Eine erzählte von ihrer Bahnhofsklo-Nummer. Woran sie sich vornehmlich erinnert: Gestank, Silberfische, Klosprüche («Geiler Riesenschwanz sucht immerfeuchte Möse», «Bevor ich dich besudel, Puppe, ess ich meine Nudelsuppe»), verkrampfter Sex im Stehen wegen verpieselter Schüssel, verkrampftes Leise-Sein – trotzdem wissen Nebenpinkler genau, was da vor sich geht, zumal sie sich nur etwas zu bücken brauchen und zwei Schuhpaare sehen.

Eine andere trieb's mal im Solarium: «Das Licht macht so hässlich, jeder Pickel, jede Cellulite-Delle springt dem Typ geradezu entgegen; man schwitzt wie blöd, und das Glas unter einem knackt immer so komisch …» Oje.

Sie fragte, ob ich schon mal einen Fahrstuhl angetestet hätte. Nein. Fahrstuhlsex gibt's nur in Filmen, er ist ein blöder Mythos. Weil die Zeit noch nicht mal reicht, um körperlich bereit zu werden und sich der nötigen Kleidungsstücke zu entledigen. Man kriegt bestenfalls ein paar Stöße zustande, aber nur, wenn man im Klo der Hotelbar schon damit angefangen hat und jetzt nach oben zum Zimmer fährt.

Auch der Quatsch mit dem Notstopp, den sie in Filmen immer zeigen … Als normaler Fahrgast kann man den Lift nicht wirklich außer Betrieb setzen. Man bräuchte einen, der lange unterwegs ist und wo nicht ständig Leute zusteigen, also nachts in einem hohen Bürogebäude oder so.

Sie müssen sich also einen Ort überlegen, wo man Sie potenziell erwischen kann, oder zumindest ahnt, was Sie da tun (denn das macht ja den Reiz aus), aber die Gefahr nicht allzu groß ist.

Und wo Sie genug Zeit haben, um Freude und nicht nur Hektik aufkommen zu lassen. Umkleidekabinen zum Beispiel, falls der Vorhang lang genug und das Licht gnädig genug ist. Ich kenne zwar einen, aber der ist bei einem bestimmten «H & M», wo immer massenweise Leute anstehen …

Jetzt meinen Sie vielleicht: Mädels, stellt euch nicht so an. Hey – unsere Libido ist nun mal weitaus störanfälliger als die männliche! Erstens brauchen wir für ein anständiges Erregungsniveau eine viel längere Anlaufzeit. Und die gewährt ein Ort, der zur Eile treibt, kaum. Zweitens lassen Störfaktoren (Zecken, Wadenkrämpfe, Zuschauer …) unsere Lust gar nicht erst in die Nähe des Alles-egal-Levels kommen. Ergebnis ist nur selten Ekstase oder gar Orgasmus, sondern eher eine Überlegung wie: «Hoffentlich kommt er bald.»

Andererseits sind solche Erlebnisse zwar an sich eher ernüchternd, doch der Gedanke daran prickelt sowohl im Voraus als auch im Nachhinein – später zählen sie zu den Höhepunkten unserer sexuellen Vergangenheit. Darum: Verführen Sie Ihre Süße ruhig mal auswärts. Ihre Chancen verbessern Sie durch zweierlei: erstens, dafür zu sorgen, dass möglichst wenig stören kann (also vorausplanen!); zweitens, Ihre Elfe vor Ort so scharf zu machen, dass sie all ihre Widerstände über Bord fegt. Seien Sie aber nachsichtig, wenn sie trotzdem zickt! Frauen sind halt zart besaitete Wesen.

Übrigens, es muss ja nicht immer Outdoor-Sex sein: Auch die eigenen vier Wände bieten schöne Möglichkeiten. Wohl fast jede Frau fände es toll, wenn ihr Schatz sie so begehren würde, dass er sie hier und jetzt haben muss. Im Flur, auf dem Küchentisch, unter der Dusche … und sie so leidenschaftlich bedrängt, dass sie sich an Ort und Stelle vergenusswurzeln lässt. Obwohl – in der Dusche ist das Ambiente so unromantisch, und man könnte ausrutschen …

Ooch nee. Dann doch lieber auf'm Sofa oder Teppich. Andererseits … ob die Flecken da rausgehen …?

Bürosex | Fräulein Monica – zum Diktat!

Wie Sie den tieferen Sinn Ihrer täglich Mühsal zwischen den Beinen von Betriebsangehörigen finden, erzählt Ihnen Catherine.

Eine meiner Lieblings-Sex-Phantasien geht so: Mein Boss, ein souveräner Mann mit grauen Schläfen, bestellt mich, die Sekretärin im strengen Kostüm, zum Diktat. Während er diktiert und ich eifrig notiere, öffnet er meine Bluse, holt mit der einen Hand meine Brüste aus dem BH, mit der anderen schiebt er mir den engen Rock hoch und drückt mich gegen die Ablage ...

Jaja – auch Frauen träumen von so was. Was gibt es Besseres, um sich den drögen Arbeitsalltag aufzulockern, als frivole Gedanken?

Schließlich verbringt man nirgendwo so viel Wachzeit wie im Büro. Für Männer ist dieser Ort schon quantitativ mit den meisten Gelüsten verbunden, da sie (laut «Cosmopolitan») rund 206-mal am Tag an Sex denken. Und wie heißt es so schön im Film «Schweigen der Lämmer»: Man begehrt das, was man am häufigsten sieht. Also möglicherweise nicht die Lebensabschnittsgefährtin, sondern die, die tagtäglich an Ihrem Schreibtisch vorbeistöckeln, zumal diese nie in Lockenwicklern, Feuchtigkeitsmaske und ausgeleierten Nachthemden herumlaufen. Gründe für ein Büro-Nümmerchen gibt's genug: Sex gibt Energie, killt Stress, macht kreativ und erfolgreich (stand mal in der «Petra»). Und so mancher sucht den tieferen Sinn seiner täglich Mühsal zwischen den Beinen einer Kollegin oder reagiert seinen Berufsfrust ab – etwa an der Assistentin des Chefs oder indem er dessen Schreibtisch entweiht.

Verwirklicht habe ich meine Bürosex-Phantasie noch nicht. Gut, mein Kopf hat auch Akten-Akte auf Lager, in denen Kollegen einen Stich machen. Und es gäbe durchaus Objekte in meiner Firma … Bloß, alle *unter mir* fallen schon mal raus. Frauen wollen weder einen MOSCH (= Mann, der sich nach Oben SCHläft) noch von einem Loser flachgelegt werden, der ständig einen Anschiss vom Vorgesetzten kassiert. Wir bevorzugen dann doch den Vorgesetzten – Macht macht sexy. Und als Untergebene begeben wir uns naturgemäß eher nach unten. Also strengen Sie sich an.

Allerdings: Die *über mir* sind zurückhaltend. Unzucht mit Abhängigen ist riskant: Ich schätze, sie befürchten Anzeigen wg. SEXBELAP (=SEXuelle BELästigung am ArbeitsPlatz). Oder dass es zumindest an ihrer Autorität rüttelt, wenn ich sie plötzlich «Pupsilein» oder «Stummelschwänzchen» nenne.

Leider ist auch unter den Kollegen keiner, der meinen Phantasien nahe kommt. Der Typ darin ist zum Beispiel sehr gut gekleidet. Oder können Sie sich einen Betriebs-Don-Juan in Billighose, Strickjacke oder Musterpullover vorstellen? Na bitte. Auch ein vorwitziger Ständer hat mehr Sex-Appeal, wenn er im reizvollen Kontrast zum korrekten Anzug steht, als wenn er aus zerbeulten Jeans herauslugt. Klar, dass sein Outfit zudem von allererster Qualität ist. Luxus ist erotisch, und edle Stoffe um ihn herum machen sich besser an meinen nackten Lenden als Kratze-Wolle und Schwitz-Polyester.

Außerdem ist mein Büro-Traum höflich-charmant und kein penetranter Busengrapscher-Potätschler. Er erwidert meine Flirtereien, aber er lässt eher *mich* kommen, statt zum Beispiel schmierige anzügliche Bemerkungen zu machen (keine Chance!). Wenn er mit mir per Telefon Schweinigeleien austauscht, schläft er nie dabei ein. Und er telefoniert nicht, während ich an ihm rummache. In seinem Büro hat er einen dicken Velours-Teppich – darauf liegt (und kniet) es sich besser – und auf seinem Tisch nichts Unnötiges (insbesondere keine Fotos von Frauen und Kindern); so haben wir mehr Platz, um drauf herumzuturnen.

Ich stelle mir vor, dass er, falls wir im selben Zimmer arbeiten, seinen Schreibtisch direkt gegenüber meinen stellt, Kante an Kante. Dann können wir beide *zufällig* etwas fallen lassen und schon mal von unten schauen, ob sich der Aufwand lohnt. Oder, falls wir bereits in ein Dienstverhältnis getreten sind, sagen: «Liegt mein Füller unter Ihrem Stuhl?», um uns gegenseitig Gelegenheit zum Abtauchen zu geben (für die kleine Mahlzeit zwischendurch). Aber ich schweife ab …

Also was noch? Mein Held prahlt nie mit seinen Firmen-Aufrissen – ich bin nicht scharf drauf, die Nummer 47 auf seiner Liste zu sein. Und überhaupt ist er äußerst diskret. Ich will ja nicht als Betriebsschlampe oder Wanderpokal verschrien werden! Die lauern hier doch alle nur auf schmutzigen Tratsch! Deshalb schließt er seinen Hosenstall, bevor er sich wieder unters Volk mischt, passt auf, dass ihm keine Dessous aus der Tasche hängen, und falls wir's auf dem Kopierer treiben, checkt er hinterher den Papierauswurf. Natürlich verriegelt er auch den Raum, in dem wir aktiv werden wollen. Die Gefahr des Entdeckt-Werdens mag zwar einen Extra-Kick geben, aber keine Frau schätzt Quickies unter drei Minuten.

So viel zu mir. Und hier noch ein paar Tipps für Sie:

1) Lassen Sie Ihre Finger aus Frauen, die bindungswillig oder intrigant sind. Es ejakuliert sich besser in Personen Ihres Vertrauens, die anspruchslos, verschwiegen und gewohnt sind, viel zu schlucken.

2) Helle Flecken sind auf blauen Kleidern besonders gut auszumachen. Also Obacht, falls Ihr Lustobjekt eins trägt! Haben Sie trotzdem gekleckert, sollten Sie Sorge tragen, dass das Corpus Delicti in die Reinigung kommt.

3) Treiben Sie's nicht allzu spät. Wachleute, die einem unvermittelt ins Gesicht leuchten, sorgen ebenso für einen unfreiwilligen Coitus interruptus wie ausgelöste Alarmanlagen. Meiden Sie auch Überwachungskameras. Es sei denn, Sie sind der Security-Chef und wollen ein privates Sexvideo drehen.

4) Frauen sind ja traditionell lauter als Männer. Um verräteri-

sche Laute zu dämpfen, legen Sie ihr eine Hand auf den Mund oder etwas anderes hinein.

5) Sollten Sie Zigarren in die Dame einführen, vergewissern Sie sich, dass sie nicht angezündet sind. Loben Sie hinterher das feine Bukett («das schmeckt aber gut»).

6) Geben Sie Ihr Bestes (und ich meine nicht Ihre Bananenmilch!), wenn Sie zum Zuge kommen. Denn sobald die Beglückte ihrer Lieblingskollegin von Ihren Künsten flüstert, läuft in Windeseile vielen weiteren Damen das Wasser im Munde (oder anderswo) zusammen und öffnet Ihnen Türen. Abschließen nicht vergessen!

Sex im Freien | Ein Bett im Kornfeld

Mindestens jede zweite Frau träumt von Sex am Busen der Natur. Mit Catherines Tipps wird's eine unvergessliche Freilicht-Vorstellung.

Sommer … aaah! Mein Süßer und ich lümmeln auf einer Decke am Waldesrand, die Sonne ist längst untergegangen, doch die Luft so lau, dass wir immer noch unsere kurzen Sachen anhaben. Die erste Sektflasche ist geleert und unsere Stimmung übermütig. Wir picknicken die Reste des Prickelwassers und des Obstes von unserer nackten Haut. Was läge da näher, als zusammenzufügen, was die Natur füreinander vorgesehen hat? Mein Fuß landet in der Fresskiste, der Slip im Salat und der Arm auf dem Camembert – was soll's. Das i-Tüpfelchen sind die Kühe im angrenzenden Feld, die neugierig angerannt kommen und dicht an den Zaun gedrängt glotzen, was wir da tun. Köstlich!

Gerne denke ich zum Beispiel an die Nummer mit Jörn, der mich nach einer Party eigentlich nur heimbegleiten sollte, weil ich zu Fuß quer durch eine Grünanlage musste. Mittendrin mimte er den Vampir, biss mich in den Hals, und bald wälzten wir uns auf dem Rasen, betätigten uns nach Art der niedlichen Tierchen, die es dort sogar am helllichten Tage tun. Nun, immerhin waren auch wir nicht einmal blickgeschützt durch Bäume oder Büsche – jeder Passant hätte uns im Halbdunkel auf 100 Meter Entfernung sehen können.

Ebenso angenehme Erinnerungen ruft ein Auswärtsspiel am Strand des Freibads hervor; ich hatte eine große Plastiktüte mit Kirschen auf dem Schoß, die die vorwitzige Hand meines Freundes vor den Blicken der anderen schützte; mit kleinen ruhigen Fingerstrichen verschaffte er mir ein stilles Vergnügen, und ich revanchierte mich, indem ich ihn in den naturtrüben See zog, wo ich unser Spiel unentdeckt zwischen Schlauchbooten und Schwimmlustigen glücklich zu Ende brachte.

Apropos Strand: Dort wollen Frauen am liebsten lieben. Falls Sie also Ihrer Geliebten einen unvergesslichen FreiKörperKoitus bereiten mögen, suchen Sie sich ein paar blickgeschützte Dünen, und breiten Sie große Decken aus (möglichst zwei übereinander); denn wer sich im Sand verlustiert, sollte Sorge tragen, dass die feuchten Organe nicht paniert werden. Der Schmirgeleffekt kann der schönsten Blitzbesteigung ein jähes Ende bereiten.

Mangels Decken kann man auch auf ein paar Kniffe zurückgreifen, die ein strandgeprüfter Surflehrer bei mir anwandte: Das Warm-up geschah im Stehen, indem er mit der einen Hand den Träger meines Kleidchens herunterzog, um eine Brust freizulegen, mit der anderen seine Finger von unten wandern ließ. Als es dann doch zu heiß herging und wir aus dem Gleichgewicht zu geraten drohten, lehnte er mich gegen eine Palme und ging vor mir auf die Knie. Und so zog er mich schließlich, auf seinen Fersen hockend, rittlings auf seinen Schoß …

Eine neue große Umfrage zeigte: Der Deutschen allerliebste Sex-Lokalität ist das Freie – Natur, Wald und Wiese. Vielleicht wird da so was wie ein Urtrieb wach; unsere Vorfahren trieben's ja auch draußen. Vielleicht bescherte die Gefahr, durch ein wildes Tier oder Feinde angefallen zu werden, zusätzlichen Kitzel; heute lauern bestenfalls Brennnesseln oder Mücken. Mein Surflehrer und ich merkten erst hinterher, dass wir total zerstochen waren! Von daher ist ein Vorspiel, das ein liebevolles Ganzkörper-Eincremen mit Anti-Mücken-Lotion enthält, eine grandiose Idee.

Überhaupt ist es gar nicht dumm, beim Gang ins Freie zu zweit immer die Möglichkeit eines Beischlafs mit einzurechnen. Und die gelungensten Open-Air-Akte sind von langer Hand geplant. Natürlich nur von Ihrer – Ihre Partnerin soll denken, es sei alles Zufall und göttliche Fügung. Also: Recherchieren Sie schon vor der ganzen Aktion einen günstigen Ort: ein einsames Plätzchen am Strand oder in einer Wiese, eine Waldlichtung, ein Feldweg ins Kornfeld ... Schlagen Sie Ihrer Liebsten ein Picknick vor. Packen Sie ein: eine anständige **Unterlage** (Luftmatratze, Isomatte oder dicke Decke), **Insektenspray** (wir Frauen hassen Krabbelviecher – wegen unserer vielen Öffnungen!), reichlich **Alkohol** (damit sie weniger zickt – besonders Schampus macht liederlich!), eine **Wolldecke** (falls sie friert), ein paar **feine Esswaren** (bitte nicht zu schwer!), eine große **Taschenlampe** (damit Sie auch wieder zurückfinden) und, gut versteckt, **Kondome** (falls die Dame eine Neuerwerbung ist).

Der Gipfel der Romantik: störfaktorfreies Paaren bei Sonnenuntergang oder Vollmond (da sind Frauen ja besonders wollüstig!), vielleicht sogar in einem Boot (wird durch rhythmische Aktivitäten in lustiges Schaukeln versetzt) oder an einem anderen originellen Ort. Wenn Sie das hinkriegen, hinterlassen Sie bleibenden Eindruck. Denn so etwas schweißt zusammen: «Weißt du noch, wie wir auf dem Hochsitz ...?»

Sex im Wasser | Feuchter Traum

Frauen lieben Sex im Wasser – theoretisch. Praktisch muss man einiges beachten, damit man beim Akt im See, Meer oder Schwimmbad nicht baden geht.

Das Schöne am Sommer ist, dass man Romantik, Erotik und Neueroberungen perfekt verknüpfen kann. Mein neuer Beau hieß Marcus, die Romantik bestand in einem Stelldichein am See inkl. Sonnenuntergang, die Erotik darin, dass ich mein kleinstes Kleidchen trug und die warme Luft die Haut streichelte – was bald auch Marcus tat. Wieso zieht's Turteltauben eigentlich immer an Gewässer? Also das weiß ich beim besten Willen nicht; aber ich weiß, was *ich* will ... «Lass uns baden», schlug ich vor, «nackich» (meinen Bikini hatte ich extra nicht mitgenommen!). Er war dabei. Nach ein paar Alibirunden Schwimmen fingen wir an zu plänkeln, umkreisten uns, umklammerten uns schließlich wie Kraken und tauschten nasse Küsse aus.

Wasser ist ein wundersames Element; es umschmeichelt, macht den Körper so weich, trägt einen, und man kann (so es mindestens bis zur Hüfte reicht) endlich diese Nummer im Stehen machen, bei der die Frau die Beine um seine Hüften legt, während er mit den Händen an ihrem Allerwertesten den Takt angibt. Ich habe das mal im Schwimmbad beobachtet, wo ja viele eng umschlungene Pärchen am Beckenrand kleben, und in der Hoffnung, zwei in flagranti zu erwischen, tauchte ich stets dran vorbei. Irgendwann wurde ich tatsächlich fündig: Der Badeanzug einer Mittzwanzigerin hatte sich unten zur Seite geschoben, und ich konnte (dank Schwimmbrille!) den Schnorchel ihres Begleiters bei der Arbeit sehen. Das machte mich so an, dass ich immer auf eine ähnliche Gelegenheit gewartet hatte.

Marcus' Aal klopfte bald erhobenen Hauptes an die Pforte, und da die Feuchtigkeit ja schon vorhanden war, fand ich, ich könnte ihn ja mal reinschauen lassen … Also dockte ich an, er stöpselte sich ein und begann, uns beide zu bewegen; sein natürlicher Rettungsring sorgte zwar für Stabilität, doch mangels Beckenrand strauchelte er auf dem morastigen Untergrund – platsch!

Wir starteten einen neuen Anlauf, indem wir beide standen, aber durch die kalte Dusche etwas abgekühlt, fingen wir an, unsere Umgebung stärker zu registrieren; das weiche Sumpfzeug unter uns fühlte sich eklig an, und ich stellte mir vor, wie sich fette Blutegel an meine Beine heften. Das Wasser war so finster! Wer weiß, was da so drin herumkreiste. Können Fische im Dunkeln sehen? Hatte nicht neulich jemand von Riesenhechten erzählt? Marcus kriegte plötzlich Panik, ihm könnte der Puller abgebissen werden. Unser Seesex ging baden.

Trotzdem waren wir auf den Geschmack gekommen …

Bald darauf reisten wir ans Meer; es war angenehm temperiert, wir standen brusthoch drin und turtelten. Da überkam es ihn, mein Bikinihöschen etwas beiseite zu ziehen, um das zu verstauen, was sich den Weg aus seinen Shorts gebahnt hatte. Bloß: Wir hatten Anlaufprobleme. Nicht nur, dass er schlecht reinkam; als er versuchte, ein wenig hin und her zu ruckeln, flutschte es nicht so recht. Das warme Wasser hatte meine natürliche Feuchte weggewaschen, und dies plus Reibung ließ bald das Salz an meiner sensibelsten Stelle brennen.

Wir beließen es für diesmal mit einem kurzen Vorstoß. Nun lag ich also angestochen auf der Strandliege, erging mich in wollüstigen Gedanken (Müßigkeit ist aller Laster Anfang!) und hatte schließlich eine Idee: Wie wär's, wenn man vor dem Gang ins Nass das Lustgärtchen präparierte? Ich schnappte mir das Sonnenöl, verschwand kurz und trug es reichlich auf. Dann den Süßen in die See gezerrt, und siehe da: Es klappte sozusagen reibungslos.

Für Nachahmer: Von oben ist nicht zu sehen, was da submarin

passiert, wohl aber zu erahnen durch gewisse rhythmische Bewegungen. Um davon abzulenken, knutschten wir wild herum. Der Glitscheffekt des Öls hielt eine Viertelstunde vor – länger hätten wir ohnehin nicht gemacht, da ein paar welke Muttchen uns schon finstere Blicke zuwarfen.

Am nächsten Tag testete ich Olivenöl; das ist dickflüssiger und bleibt daher noch länger auf der Haut. Wir fuhren zu einer Bucht mit Wellen, um unser Aqua-Akt-Repertoire zu erweitern. So viel dazu: Die Version, die weiland David Bowie im Musikvideo vorführte – er mit seinem «China Girl» in leidenschaftlicher Umarmung am Strand, die nackten Leiber halb in der Uferbrandung, geküsst von den Wellen – sieht gut aus, doch was der Clip nicht zeigt: Sand im Getriebe, unfreiwilliges Salzwasser-Schlucken, partielle Blindheit und, wenn Sie wirklich Pech haben, ein Seeigel im Hintern. Tiefer im Wasser stehend, hapert's auch: dank Strömung noch mehr Gleichgewichtsstörungen als im Morast des Sees. Lustig ist es aber, sich unterleiblich gekoppelt treiben zu lassen, und die Wogen schaukeln einen sanft. Freilich erfordert es einige Geschicklichkeit: Um verbunden zu bleiben, begaben wir uns in Rückenlage, er unten, ich oben, ich mit einem Bein zwischen die seinen geklemmt, er einen Arm um mich, mit dem andern rudernd. Gleichzeitig muss man genug Luft in der Lunge behalten, um oben zu bleiben. Das hätte freilich mit einem Schwimmreifen oder einer Luftmatratze zum Festhalten natürlich noch besser geklappt. Probieren Sie's mal aus – famoser Slowsex in Reinkultur!

Sollten Sie Bedenken wegen Intiminfekten haben: kommt leider vor, wenn der Keim-Ansturm zu hoch ist, der ins Innere der Dame gepumpt wird. Ist mir aber nie passiert, denn ich meide Gewässer, in denen einem Klopapier, Hunde und Ähnliches vor der Nase herumschwimmen. Unangenehm ist höchstens, dass das eingebrachte Wasser oft erst dann in einem Schwall zum Vorschein kommt, wenn man adrett gekleidet beim Essen sitzt und herzhaft lacht …

LUSTHEMMER

Hänger | Tote Hose

Ihr kleiner Freund will nicht so, wie Sie wollen … Was denkt die Frau jetzt? Und wie sollen Sie reagieren? Catherines Guide für den Super-GAU.

Armer Bernie. Nun hatte er nach wochenlanger Balz – vier Abendessen, zwei Blumenbouquets, eine stundenlange Kulturveranstaltung und fünf Barbesuche – endlich diese hinreißende Sexbombe (mich) klargemacht und das leidenschaftlichste Warm-up absolviert, dessen ein Kerl nach einer Flasche Wein und drei Caipirinhas noch fähig ist, und nun das. Superwoman drängt sich verlangend an seinen Spargel, aber dieser hat die Konsistenz von «zu lange gekocht».

Bernd fragt sich, ob er in einem üblen Traum steckt, doch er ist wach und mittendrin. Um ihn etwas aufzulockern, beuge ich mich runter und bringe ein Zitat meines Vaters: «Pudding, brauchst net zittern, i fress di net.» Bernd findet das nicht lustig, er hat seinen Humor verloren, der gerade jetzt die Situation retten könnte. Etwa mit einem lockeren Spruch wie «Soll ich mal nachsehen, ob ich noch ’ne Gurke im Kühlschrank hab, oder reichen auch meine Finger?», «Ich glaub, wir sind heute zu schlapp» oder «Gott sei Dank, dann können wir jetzt ja fernsehen».

Bernd jedoch macht ein «Nicht-schon-wieder»-Gesicht, während aus seinem Munde der Spruch aller Schlappensprüche kommt: «Das ist mir noch NIE passiert!» Na bravo. Klar will er damit sagen, dass er nicht impotent ist, aber eine Frau hört da üblicherweise heraus: « … also muss es an dir liegen.»

Wie so viele Frauen befürchtete früher auch ich, der Grund für seine Ladehemmung sei bei mir zu suchen (ich bin zu fett oder habe zu fett gekocht oder habe zur Handarbeit kein Fett benutzt …); dann erstarrte ich verschämt oder versuchte halbherzig, ihn wiederzubeleben (Beatmung, Handauflegen etc.), und wenn er dann, wie in neun von zehn Fällen, immer noch nicht anschwoll, fühlte ich mich endgültig als Versagerin.

Jedenfalls, statt sich zu freuen, endlich mit mir im Bett zu liegen, versteift, äh, fixiert sich Bernd auf seinen ungehorsamen Gummizwerg und rubbelt auf «Teufel-komm-raus» dran herum (vergeblich), als wäre ich gar nicht da. Ich zicke: «Tja, wer 'nen Schaden hat, spottet jeder Beschreibung.» Bernd verträgt jetzt nicht mal Ironie und faselt: «Du hast mich zu sehr unter Druck gesetzt.» Ach ja? Durch meine Leoparden-Dessous? Meine kundigen Griffe? Meine Tätigkeit als Sexkolumnistin? Warum schieben's Männer so gern auf die Frau, wenn sie keinen hochkriegen? Als ob das eine unverzeihliche Niederlage wäre, die sie ganz schnell von sich weisen. Weil ein «echter Mann» ja allzeit stoßbereit sein muss und sowieso alles im Griff hat, auch seinen Schniedel. Dabei weiß doch schon jede 17-Jährige (spätestens, seit sie Zeugin ungewollter Erektionen war), dass man das Ding nicht nach Bedarf an- und ausschalten kann.

Seine Schuldzuweisung lässt meinen letzten Rest an Lust zusammensacken wie seinen Bürzel, und ich erwidere: «Wenn, dann setzt ja wohl eher DU dich unter Druck. Typisch Mann: Für dich hat Sex mehr mit Leistung als mit Spaß zu tun. Glaubst du, ich erwarte die harte Nummer, obwohl du dich gerade stundenlang mit Alkohol und Nikotin zugemüllt hast?»

Unser Problem ist nicht, dass ich ihn für einen Loser halte, sondern dass er sich selber dafür hält, und das vergiftet unser Stelldichein. Da nützt es auch nichts, dass er mit einem Schlag ernüchtert ist; wenn die Lulle nicht will, gibt's da meist nicht viel zu rütteln. Am besten zeigt man sich flexibel und geht zu einer anderen Tagesordnung über: Fummeln, Oralem, Kuscheln, Schlafen, Essen – wonach auch immer beiden der Sinn steht.

Was ich mir beim Totalausfall wünsche? Wenn ich sehr angeturnt bin, kann er bei mir Hand anlegen. Oder Zunge. Oder beides. Manchmal geht ja dann doch wieder was bei ihm. Wobei es nicht zu empfehlen ist, einen Halbsteifen hektisch in die Frau zu stopfen. Das ist nicht nur peinlich verbissen, sondern geht auch noch allzu oft daneben bzw. wieder nach unten. Was dem Besitzer dann doppelt peinlich ist.

Ging meine Lust jedoch mit seiner Erektion flöten, hat er ja endlich mal Zeit, sich auf die Suche nach meinen erogenen Zonen zu machen oder mich von Kopf bis Fuß zu streicheln. Insofern kann Frauen eine Schrumpfnudel sehr gelegen kommen! Ersatzweise nehme ich auch gern eine Mousse au Chocolat und dazu ein schönes Video, etwa «Das Piano».

Sprich, man darf den Aussetzer nicht totschweigen (führt nur zu Betretenheit und düsteren Spekulationen), sondern wechselt ein paar Worte, und zwar in der Richtung, dass das einfach vorkommen kann, weil es so menschlich ist wie Achselschweiß-Flecken beim ersten Date oder ein unwillkürlicher Darmwind-Abgang. Was der Schlappschwanz beim Manne, ist die Trockenheit beim Weibe. Nur dramatisieren wir Frauen das nicht so. Werden wir mal nicht feucht, nehmen wir's einfach hin oder überlegen uns Alternativen; wenn's öfter vorkommt, kramen wir ein wenig in der Psyche und gehen zum Arzt, um nach körperlichen Ursachen zu fahnden. Das könnten sich die Männer echt von uns abgucken.

KONDOM | Gib Gummi!

Kondome sind zwar nicht gerade lustfördernd, aber russisches Roulette ist noch beknackter. Catherine hat die Nase voll von Tütenverweigerern.

Ich muss gestehen: In Sachen Kondome war ich schon oft unvernünftig. Gerade da, wo man sie am gewissenhaftesten anwenden sollte – bei neuen Spielgefährten –, ist man am schärfsten und damit irgendwie gehirnamputiert. Erst neulich hatte ich wieder so einen Fall. Ich war so heiß auf diesen Kerl mit seinem sehenswerten Anhang, ich wollte ihn mir einfach einverleiben. Keiner von uns hatte einen Präser dabei. Perverserweise erhöht das Verbotene das Prickeln noch («nur eine Minute ...!»), man kostet ein bisschen Rein-Raus, macht wieder Orales oder Manuelles, dann nochmal rein, raus, rein, raus usw. Seinen Erguss hatte er zwar nicht in mir, aber es kommen ja auch schon vorher ein paar Tropfen raus. Ich hatte also hinterher einen fiesen Hangover, biss ins Kissen und greinte: «Wie kann man bloß so blöd sein?» Zumal ich ihn hinterher gefragt hatte, wann er (Marke Weiberheld!) seinen letzten HIV-Test hatte. Er: «Ähm, weiß nicht mehr.» Und dann erzählte er, was die meisten Männer in dieser Situation erzählen: «*Normalerweise* verwende ich *immer* ein Kondom.» Bloß: Mit mir hatte er's ja auch *ohne* getrieben. Natürlich behauptete er, ich sei die absolute Ausnahme. Jaja.

Andere beteuern, sie wären vor mir jahrelang monogam gewesen, und ich blöde Kuh lasse sie unbemäntelt ran, damit sie ja nicht denken, ich würde ihnen misstrauen. Doch die Allerschärfsten sind die, die sagen: «Ich schaue mir die Frauen vorher genau an.» Na klar, man sieht's einer sofort an, ob sie viel rumkommt oder nicht. Oder auch: «Ich sicher nicht. Frauen holen sich sowieso leichter was weg als Männer» (stimmt: Unser Risiko ist zehnmal so hoch). Dass *er* vielleicht was mit sich rumschleppt und weitergibt, zieht er gar nicht in Betracht. Man muss sich beim Sex ja nicht gleich HIV einfangen. Es gibt auch jede Menge andere Fiesimatenten wie Genitalherpes, Feigwarzen, Chlamydien, Pilze ... Die übrigens stärker verbreitet sind, als Sie denken.

Trotzdem benutzt nur gut jeder fünfte Deutsche bei einem neuen Bettpartner Kondome, wie eine große Umfrage zeigte. Meine persönlichen Erhebungen und die meiner Freundinnen ergeben folgendes Trauerspiel: Wir schätzen, dass von all unseren Liebhabern höchstens jeder Zehnte bei den ersten paar Malen das Thema «Verhütung» angesprochen hat. Das ist immer noch Sache der Frau. Und wenn sie die Pille nimmt, ist die Frage in der Regel abgehakt. Aufs Kondom *bestanden* haben noch weniger. Klar, wir Mädels könnten ja auch hart bleiben: «No glove, no love.» Scheiße, müssen immer wir die Spielverderber sein? Für uns ist diese Wurstpelle auch nicht das Gelbe vom Ei. Erstens fühlt sich ein hautechter Schwanz besser an, zweitens legt die Gummi-Reibung schneller die Scheide trocken. Okay, da kann man auch feuchtfröhliche Vorarbeit leisten oder Gel zugeben.

Die Spezialisten im Sich-vor-Parisern-Drücken sind immer noch die Männer. Ihr Hauptargument: nicht gefühlsecht. Kann ich ja verstehen. Vor allem, weil die enge Hülle das erregende Hin und Her der Vorhaut sehr einschränkt. Aber: Beschnittene Jungs haben ja nicht mal eine Vorhaut und trotzdem Spaß am Sex. Und soll man wegen ein paar Zentimetern intensiveren Hautkontakts Gesundheit oder Leben gefährden? Eins weiß ich: Bislang hatte noch jeder gummibewehrte Typ, mit dem ich's gemacht habe, seinen Orgasmus.

Zweitliebste Ausrede: zu eng. Also ich hatte schon feist bestückte Kerle, die nicht moserten, und zart gebaute, die da ein Mordsgezeter machten. Immerhin kann man Lümmeltüten locker einen halben Meter in die Länge und einen Viertel Meter in die

Breite dehnen. Das sollte ja wohl reichen, oder? Außerdem gibt's für dicke Penisse auch extra große.

Vorwand Nr. 3: Allergie. Fakt ist: Nur etwa jeder Hundertste hat eine echte Latexallergie, und für die gibt's spezielle Überzieher in Kondomläden. Was etwas öfter vorkommt, sind Brennen und Hautrötung – wegen der Beschichtung. Und das kann man ganz einfach umgehen, indem man andere Sorten antestet.

Behauptung Nr. 4: Verhüterlis versagen so oft, da kann man sie auch gleich weglassen. Knalltüten-Logik! Und versagen tun sie nur, wenn man sie dilettantisch anwendet. Kaum einer liest zum Beispiel die Packungsanleitung. Da steht unter anderem: Man muss es so überziehen, dass keine Luft im Reservoir ist und es faltenfrei sitzt, sonst besteht Reißgefahr! Die droht auch, wenn so ein Marathon-Rammler nicht merkt, dass die unter ihm zu trocken geworden ist; oder wenn man fetthaltige Gleitmittel nimmt (die machen Latex porös). Viele stülpen das Mäntelchen erst mitten im Verkehr über oder setzen's versehentlich umgekehrt auf und drehen's dann einfach um. Andere ziehen sich nach dem Erguss erst zurück, wenn ihr Pimmel schon wieder Miniformat hat; oder sie überschätzen ihre Ausmaße und nehmen XXL-Mäntelchen. Das Ergebnis in beiden Fällen: Die Nahkampfsocke verbleibt in der Frau. Wie auch immer: Bei korrekter Handhabung beträgt die Versagerquote nur 0,12 Prozent.

Ausflucht Nr. 5: Kondome killen Stimmung und Ständer. Kein Wunder, wenn einer erst mal ewig danach sucht, linkisch an der Packung herumreißt, dann mit zittrigen Fingern an Fromm's und Schniedel nestelt. Ähnlich uncool: die passiven Verweigerer, deren Latte bereits beim Anblick bzw. beim Rascheln des Überziehers kapituliert. Da lobe ich mir solche Liebhaber wie Uwe, einen Arzt: ein Griff ins Nachtkästchen, ratsch! – auf, schwupps! – drüber, und das alles einhändig im Dunkeln in nicht mal zehn Sekunden. Wie hatte er's zu solcher Meisterschaft gebracht? «Reine Übungssache», sagte er. Er hatte experimentiert mit diversen Marken, Größen, Stärken, und zwar zunächst mal beim Onanieren. «Ein oder zwei Dutzend muss man schon opfern, bis man seine Lieblingssorte und den richtigen Dreh raushat. Dann in der Praxis konsequent anwenden – und es geht bald wie von selber.» Trotz Gummi gehört die Affäre mit ihm zu den besten, die ich je hatte.

Periodensex | In der Regel regelmäßig

Wie man trotz Menses eine Menge Spaß haben kann – dank Catherines Kniffen.

Eigentlich will ich ja immer. Außer wenn ich meine Tage habe. Und die Tage vor den Tagen, PMS genannt, wie Piefig-Madig-Stinkig (oder auch Prämenstruelles Syndrom). Und vielleicht noch die Tage danach, in denen ich mich vom allmonatlichen Trauma erholen muss.

Okay, ich übertreibe ein bisschen. Meistens winke ich nur in der akuten Phase ab: Erstens tut mir alles weh, vor allem die Stellen, wo Sex stattfindet (Unterleib und Kopf). Zweitens will ich das Bett nicht einsauen. Drittens: Ich befürchte, dass dem Beischläfer meine undichte Ketschupdose widerstrebt. Da liege ich gar nicht so daneben, oder? Ganz schön viele Männer schwächeln beim Anblick von Blut, und Periodenverkehr ist für sie ein rotes Tuch. Auch der diskrete Charme von Tampons und Binden törnt so manchen ab, außer Windelfetischisten.

Einer sagte mir mal: «Ich finde diese Bluterei total eklig. Aber du kannst das ja zum Anlass nehmen, mir gebührend einen zu blasen.» Ich: «Ah, als Entschuldigung dafür, dass ich so unverschämt bin zu menstruieren ... Schönen Dank auch!» Er, großmütig: «Wenn du mir 'n Gummi überziehst und es danach wieder wegtust und ich gar nicht hinsehen muss, können wir schon poppen.» Wahrscheinlich wäre er angesichts seiner besudelten Blutwurst in Ohnmacht gefallen. Weichei!

Ich habe das Gefühl, junge Männer zieren sich da weniger – Geilheit senkt die Ekelschwelle. Mein Junior-Lover jedenfalls fand den Extra-Schub Nässe klasse (da musste er nicht so lang vorspielen!) und hatte auch sonst keine Hemmungen: «Ein guter Seemann sticht auch ins Rote Meer.» Sein seemännischer Eifer ging sogar einmal so weit, dort seine Zunge wehen zu lassen. Jedoch tauchte er bald wieder auf mit Vampir-Make-up und dem doch eher trockenen Kommentar: «Schmeckt komisch nach Eisen.»

Auf jeden Fall ist ein Kondom schon mal keine schlechte Idee, wenn ein Mann Menstruations-Berührungsängste hat. Es empfiehlt sich nebenbei auch dringend für HIV-ungetestete Paare. Periodenblut kann natürlich HIV-Viren enthalten, das heißt, das Ansteckungsrisiko von Frau zu Mann ist erhöht. Und das Verhüterli schützt auch die Frau, denn an ihren Tagen ist sie anfälliger für Infekte. Aus diesem Grund sollten alle Männer, die kondomlos verkehren, ihr Gerät jeweils vor dem Gemetzel gut reinigen, vor allem unter der Vorhaut, weil sich darunter Keime sammeln können.

Apropos Verhütung: Frauen, die die Pille nehmen, bluten wesentlich weniger. Und sie können ihre Regel «timen», indem sie die Einnahme bis zu sieben Tage vorher unterbrechen oder um maximal zehn Tage verlängern (die Blutung tritt ja nur in der einwöchigen Einnahmepause auf). Aber das nur am Rande als Tipp für Flitterwochen, große Reisen oder Paare, die sich nur alle paar Monate sehen. Sollte man nicht zur Regel machen.

Ich allerdings schlucke keine Hormone, von daher ist jeden Monat Metzgerwoche. Falls Verkehr flach fällt – aus o. g. Gründen – gibt's ja auch noch die Möglichkeit, mit dem Objekt der Begierde penetrationslos Spaß zu haben. Zum Beispiel Handverkehr. Das blaue Bändchen, das aus der Frau ragt, stört ja wohl nicht! Und der Watte-Kolben, der dranhängt, verhindert Blutbäder. Allerdings bringt er dafür oft eine gewisse Trockenheit mit sich. Die kann man dann mit Vaseline oder Ähnlichem ausgleichen.

Eine andere nette Variante wäre der «Oberschenkel-Koitus»: Sie liegt auf dem Bauch oder Rücken, er legt sich auf sie und reibt sein Glied zwischen ihren fest zusammengeklemmten Beinen, und zwar so, dass seine Eichel (von hinten) bzw. sein Penisschaft (von vorn) ihre Perle stimuliert. Je enger ihre Schenkel zusammen sind, desto mehr Reibung bekommen beide ab. Um's «gefühlsechter» zu machen, kann man noch eine Portion Gleithilfe zugeben.

Aber manchmal muss es eben ein echter Koitus sein … Mein erwähnter Junior-Lover und ich lieferten uns am Anfang unserer feuchtfröhlichen Liaison eine denkwürdige Menses-Sex-Session. Mir stand eigentlich gar nicht der Sinn danach, denn die Welt war wieder mal voll gegen mich und das Bett frisch bezogen. Doch gerade mein «Spar dir die Mühe, Süßer, ich bin unpässlich» reizte Junior, mich doch noch rumzukriegen. Er machte immer wieder einen Vorstoß, ich ließ ihn ein wenig und dann doch nicht, und so zog sich der Akt ziemlich in die Länge und wurde immer heißer, bis ich gar nicht mehr an Schmerzen oder Flecken dachte. Außerdem machte es mich an, dass er so scharf auf mich war, meine Periode in Kauf zu nehmen. Hinterher sah's allerdings aus wie nach dem Kettensägen-Massaker.

Nun, da er Blut geleckt hatte, verführte er mich am nächsten Tag abermals. Weil ich die Bettwäsche nicht schon wieder wechseln wollte, schlug ich vor, es unter der Dusche fortzusetzen. An sich nicht verkehrt … aber wenn man dann Richtung Ausfluss guckt, hat man sofort diese «Tod-in-der-Dusche»-Szene aus dem Film «Psycho» vor Augen. Das wirkt aufs Gelüst wie ein Eimer kaltes Wasser. Also doch lieber ins Kuschelnest. Ich sah mich noch kurz um, was ich mitnehmen könnte, um das Schlimmste zu verhindern. Steckspiel mit Stöpsel (sprich, Tampon)? Schlecht. Erstens legen diese Watteteile, wie erwähnt, die Scheide trocken, zweitens ist kein Platz mehr für sein Prachtstück, oder er schiebt es so in die Frau, dass sie innen kleine Risse bekommen kann (im Ernst!). Zwei große Badetücher? Schon besser. Meine Freundin Ines hat so ein Gummilaken aus dem Sanitätshaus, was sie dann immer unterlegt, aber ich schätze dieses Material nicht besonders; es riecht schrecklich und fühlt sich nicht gut an. Ich dachte, ich lasse lieber Junior unten liegen, der kann sich danach ja waschen.

Gedacht, getan. Leider unbedacht … In der Menses sind die inwendigen Teile der Frau überempfindlich, und beim Reiten rummst sein Ding so richtig schön dagegen – autsch! Wir probierten einiges durch, wobei er nicht so tief reinkam: klassischer Missionar, Positionen, in denen ich die Beine zusammenklemme, von der Seite … Fazit: Man sollte nicht zu oft die Stellung wechseln, denn dabei kleckert's am meisten. Am Ende ähnelten wir den Opfern eines perversen Sexualmörders in einem schlechten Splatter-Movie.

Während wir im Bad die Täterspuren beseitigten, fiel mein Blick aufs Medizinkästchen: Hey, hab ich da nicht noch so ein Diaphragma? Zu Ihrer Information: Das ist ein Verhütungsmittel. Und zwar eine Gummischale von ca. 8 cm Durchmesser. Frau führt sich das ein, indem sie's schmal zusammendrückt. Drinnen losgelassen, öffnet es sich und bildet eine Art Dichtung und Auffangschale. (Kleiner Tipp: So was kriegt man in der Apotheke.) Gedacht, getan, geniale Idee. Es funktionierte tadellos. Seitdem ist Regelsex bei mir die Regel …

Frauen entscheiden intuitiv mit der Nase, wie nah sie Sie ranlassen – und zwar viel mehr, als Sie denken.

Es gibt Typen, die so appetitlich duften, dass ich sie von Kopf bis Knie ablecken könnte. Schade: Solche Leckerbissen sind rar. Ob man jemanden riechen kann, ist zwar auch Geschmackssache. Aber gewisse Ausdünstungen schrecken jede Frau ab. Und ich schwöre Ihnen, Frauen haben eine wesentlich feinere Nase als Sie!!! Sprich, Dinge, die Sie noch nicht mal wahrnehmen, können uns schon den ganzen Spaß verderben und insofern Ihnen dann auch. Ich persönlich bin da sehr sensibel, und ich habe etliche Freundinnen, denen's genauso geht.

Abschreckend finden wir zum Beispiel Dummköpfe, die meinen, sich zu pflegen sei schwul. Oder einen auf «natürlich» machen zu müssen, weil sie mal was von «sexuellen Lockstoffen» im männlichen Schweiß gehört haben, und die wollen sie ja nicht wegwaschen oder mit Deo kaschieren. Also laufen beide Sorten Mann als Luftverpester durch die Gegend und landen nur bei verschnupften Frauen.

Tatsache ist, dass besagte Lockstoffe («Pheromone») geruchlos sind und unbewusst brünstig machen, sogar durchs Deo hindurch. Bei Schweinen bewirken sie die «Paarungsstarre»: Wenn eine läufige Sau Nasenkontakt zu den Pheromonen eines Ebers kriegt, werden sofort ihre Hinterbeine steif, sie krümmt den Rücken und präsentiert kopulierbereit ihr Geschlecht. Leider können Sie sich nicht darauf verlassen, dass das auch im Menschenreich funktioniert. Die männlichen Lockdrüsen sitzen zwar vor allem unter den Armen, aber ein Mann, der's dort munter fließen lässt, stinkt den Frauen eher. Achselnässe riecht nur dann annehmbar, wenn sie frisch aus einem sauberen, gesunden Sportlerkörper kommt. Stress- bzw. Angstschweiß ist immer ätzend-beißend, denn er ist ja zur Abschreckung gedacht. Und selbst die frischeste Sporttranspiration zersetzt sich innerhalb von Stunden bakteriell, dann macht sich der Ziegenbock im Manne bemerkbar.

Fast die Hälfte aller deutschen Männer benutzt nie (!) ein Deo, und nur gut jeder zehnte verwendet es wirklich jeden Morgen. Dabei finden laut Umfrage 45 Prozent der Männer, dass Schweißmief ein Liebeskiller ist. Bedeutet das etwa, der Rest glaubt, solche Gerüche seien völlig in Ordnung? Nehmen wir diesen einen Verflossenen von mir: Er tuffte sich Rasierwasser unter'n Arm im Glauben, das reiche vollkommen. Da ich nach dem Sex gern mein Haupt an seiner Brust ruhen ließ, erklärte ich ihm, es bringe nicht viel, Mief mit Wohlgeruch zu überdecken. Man muss schon wirklich Deo nehmen, denn es hemmt die Schweißabsonderung bzw. deren Zersetzung. Der Lockruf Ihrer Achseln kommt bei der richtigen Frau trotzdem an; und auch der Rest Ihres Körpers sendet Köderstoffe aus, insofern Sie sie nicht mit Unmengen von Duschgel und Duftwässerchen übertünchen. Zum Beispiel gibt es eine Stelle, wo die meisten Männer klasse riechen: dort, wo der Hals in die Schulter übergeht. Tun Sie mir die Liebe, und beduften Sie sich da nicht! Im Grunde ist das sowieso kaum nötig: Vieles um einen herum ist ja bereits parfümiert – Waschmittel in der Kleidung, Shampoo, Hautpflege, Aftershave, Seife, Körperlotion, Stinkebäumchen fürs Auto …

Wenn überhaupt Parfum, dann möglichst was mit Moschus, Vanille oder Bibergeil – sie ähneln den menschlichen Pheromonen und lösen «sexuelles Suchverhalten» aus, so die Forschung. Allerdings sollten Sie sehr sparsam damit umgehen, denn wie erwähnt ist die Nase von uns Frauen empfindlicher, und eine Überdosis lässt uns eher verduften. Außerdem ist es sexy, wenn wir zum Schnuppern wirklich nah an Sie ranmüssen.

Pheromone sind übrigens auch der Grund, warum Hunde sich

immer am Po rumschnüffeln. Dass die Intimzone der Menschen*weibchen* welche erzeugt, weiß ich sicher, allerdings ist mir noch nie ein Mann begegnet, dessen Unterleib mich geruchstechnisch in Ekstase versetzt hätte. Im Gegenteil: Ich habe schon einige wegen Stinkepimmel nicht rangelassen, und laut Statistik trifft das auf jede zehnte Deutsche zu!

Fast alle Männer duschen morgens, und das war's dann mit der Hygiene für den Rest des Tages. Doch in dessen Verlauf setzt sich unter der Vorhaut ein Zeug an, das die Griechen «Smegma» (= Schmiere) nennen, und reift dort zu voller Blüte, die zur Entfaltung kommt, wenn der Träger sich nachts zu seiner Liebsten ins Bett legt und die Eichel ausfährt. Und dann wundert er sich, dass sie das Teil so selten in den Mund nimmt. Also für mich ist es selbstverständlich, meine Intimteile morgens und abends einer Grundreinigung zu unterziehen. Für die meisten Männer nicht – etliche verschwenden nicht mal einen Gedanken daran, wenn Verkehr ansteht. Klar, von da oben riecht man's ja nicht. Viele benutzen auch die falsche Waschtechnik – ziehen die Haube nicht zurück (ich übertreibe keineswegs, das gibt's!) oder lassen bloß Wasser drüberlaufen. Oder wenn man Seife draufklatscht und nur mal kurz abspült, bleibt da so ein stechender Geruchsmix, der alles andere als anregend ist. Ich persönlich finde, dass ein frischer Waschlappen hier die besten Dienste leistet (Rubbeleffekt durch das Frottee). Und neutrale Seife ist kompatibler mit dem Eigengeruch.

Auch die Füße sind ein echter Schwachpunkt am Manne und haben hohes Killerpotenzial. Etwa mein Ex Jörg: Sobald er sich seiner Schuhe entledigte, war im Nu das Zimmer voll genebelt, wobei seine Quanten original so stanken, als wären sie eben exhumiert worden! Mir verging jegliche Lust. Meine Freundin Ines erlebte Ähnliches: Ein Verehrer führte sie zum Essen aus und wollte unterm Tisch mit ihr füßeln, zog dazu seine Slippers aus – und sie wurde grün im Gesicht … Man kann die Schweißmauken doch mal eben ins Waschbecken hängen und frische Socken anziehen, oder? Zusätzliches Fußspray und häufiges Wechseln der Schuhe sind außerdem angeraten.

Apropos Kleidung wechseln: Auch hier sind viele Ihrer Geschlechtsgenossen recht nachlässig. Liegt das daran, dass Wäschewaschen nicht gerade zu den männlichen Lieblingsbeschäftigungen gehört? Die Textilien einiger Kerle (und leider auch mancher Frauen!) riechen abgestanden bzw. nach altem Schweiß, altem Fett, Rauch, Essen und dergleichen mehr. Spezielle Schlaumeier meinen, man könne Klamotten, die das Frischedatum überschritten haben, einfach mit Deo oder Aftershave besprühen. Für mich ergibt das eine besonders üble Mischung, vor allem wenn das auch noch so ein Billigwässerchen aus dem Supermarkt ist.

Ferner sehr beliebt bei Junggesellen: der Socken-Schnüffel-Test. Kriegt er dabei keinen spontanen Würge- oder Hustenreiz, dürfen die Dinger nochmal an die Füße. Oder dreckige Unterhosen: Wenn sie auf der einen Seite schon sichtlich gebraucht sind, dreht man sie einfach um und trägt sie noch ein paar Tage. Weisen sie dann im Schritt schon eine gewisse Steifigkeit auf, weiß man: Es ist Zeit für einen Wechsel.

Also wirklich. Abgesehen davon, dass allein der Anblick überfälliger Schlüpfer, Socken und fleckiger Kleidung schon Heerscharen von Frauen in die Flucht geschlagen hat, tut der Gestank sein Übriges. Und wenn dann noch ranziges Haupthaar und/oder starkes Rauchen dazukommen … Solche Umweltverpester machen sich extrem unbeliebt.

Insgesamt wird des Mannes Bukett auch durch Konsumgewohnheiten geprägt. Ein Raucher küsst sich nicht nur wie ein Aschenbecher, er dünstet auch über die Haut aus. Starke Fleischesser müffeln generell strenger. Bestimmte Lebensmittel kann eine Frau in allen Sekreten (Schweiß, Speichel, Sperma) wittern: Knoblauch, Zwiebeln, Gewürze, Spargel, Meerestiere, Bier, Geschmacksverstärker (findet sich vor allem in Chips, Fertiggerichten, Junkfood, Alleswürzer, Brühwürfeln). Und wenn einer den ganzen Tag kaum isst und trinkt, hat er abends einen Atem («Nüchtern-Mundgeruch»), der jede Frau umhaut. Das betrifft auch Leute, die viel reden. Ein trockener Mund ist kein leckerer Mund. Extrem wichtig: gelegentlich etwas kauen, damit der Speichelfluss in Gang kommt, und vor allem immer wieder trinken! Am besten stündlich. Bier, Wein (vor allem Weißwein) und Kaffee sind dafür weniger geeignet, denn die auf leeren Magen ergeben einen gar widerwärtigen Odeur.

Leider riechen Männer mit dem Alter immer mehr aus dem Hals. Das geht oft schon Anfang bis Mitte 20 los. Neulich hatte ich ein Blind Date mit einem intelligenten Waschbrettbauchträger, eine attraktive Kombination, doch selbst über den Tisch hinweg musste ich ständig Schwälle von Übelmief über mich ergehen lassen, die seinen Redefluss begleiteten und offenbar von ganz unten aus seinem Bauch kamen. Ich hab mich nie wieder bei ihm gemeldet. Vielleicht hat er ja ein Magenproblem, das tut mir Leid, aber man muss so was behandeln lassen, statt seine Mitmenschen damit zu belästigen.

Der Vollständigkeit halber sollte ich noch erwähnen, dass schlampige Dentalhygiene zu den Hauptverursachern von schlechtem Atem gehört und dass sie selbst unter Männern der gehobenen Preisklasse ziemlich verbreitet ist. Bitte, Zahnbürste und -pasta stehen nicht nur zur Dekoration da! Sie gehören morgens UND abends in den Mund! Und bitte nicht so sparsam! Ein ordentlicher Streifen Zahnpasta, damit mindestens drei Minuten gründlich geschrubbt, und schon ist man kussfrisch.

Um's auf den Punkt zu bringen: Ein dufte Typ riecht weder stechend noch muffig noch nach Essensresten. Wenn's nach mir ginge: Waschlotion nur für die kritischen Stellen, für den Rest reicht warmes Wasser, damit sein Hautaroma sich entfalten kann, was mich an *reine* Natur erinnert, an Erde, Leder, Baumrinde. Dann ist er wie ein knackiges Früchtchen – zum Reinbeißen und Vernaschen. Hmmm ...

AKTABWEHR | Verkehrsumgehung

Ihre Partnerin will Sex, Sie aber nicht? Catherine verrät, wie Sie sie abwehren, ohne sie vor den Kopf zu stoßen.

Oh weh – sie langt rüber und zwirbelt verlangend Ihren müden Schnürpsel. Nicht schon wieder, denken Sie, weil Ihre Gespielin vielleicht zur Gattung «unersättlich» oder «eine Stunde bis zum Orgasmus» gehört. Wenn Sie sich jetzt darauf einlassen, müssen Sie wieder in dieser anstrengenden Liegestütz-Stellung ackern, die sie so liebt, bzw. eine Ewigkeit an ihr rummachen, bis Ihnen Zunge oder Zeigefinger abfällt. Aber sagen Sie ihr ehrlicherweise: «Heute nicht, du bist mir zu anstrengend, ich möchte jetzt lieber fernsehen», ist das ungalant und zieht verlängerte Zickigkeit nach sich.

Nun könnten Sie ja auch nach Art der Frauen ein schlichtes «Ich hab keine Lust» von sich geben. Doch das kommt ebenfalls nicht gut an. Frauen glauben ja, sie hätten das Recht auf Lustlosigkeit für sich gepachtet. Daher machen sie sich wenig Gedanken, ob sie ihren Partner kränken mit einer unverblümten Abfuhr oder mit einer von ihren fadenscheinigen Ausreden, von denen sie ein ganzes Sortiment in petto haben: ihre Tage, die Tage vor ihren Tagen, Migräne, Unpässlichkeit, die Schwiegermutter schläft nebenan … Und wenn der Verprellte dann meckert, ist er der dauernotgeile Penetrant.

Aber wehe, sie will mal und er nicht! Ein normaler Mann hat immer zu wollen, vor allem wenn Madame ausnahmsweise so gnädig ist, den Anfang zu machen. Warum hat er keine Lust? Liebt er sie nicht mehr? Findet er sie auf einmal doch zu dick? Die Brüste zu klein, die Beine zu kurz, die Zehen zu krumm? Dazu kommen noch ihre unerfüllte Lust (Sie wissen ja, wie niedrig das weibliche Frustrationspotenzial ist) und die Irritation, falls Sie vorher unvorsichtigerweise Bereitschaft signalisiert und/oder eine Mordsbeule in der Unterhose haben.

Bei One-Night-Stands, aus denen Sie plötzlich rauswollen, weil Ihr Objekt bei näherer Inaugenscheinnahme doch nicht mehr so heiß aussieht, etwa mit Bikinizonen-Behaarung vom Bauchnabel bis zu den Knien, ist das einfacher: Die Mutter, die vom Flughafen abgeholt werden muss, der stecken gelassene Autoschlüssel oder ein prächtig inszenierter Asthmaanfall (Hausstaubmilben!) haben schon so manchem zum raschen Rückzug verholfen.

Lebensgefährtinnen jedoch muss man dezenter abwimmeln. Regel Nummer eins ist schon mal, dass Sie Ihre Verweigerung begründen, und zwar ungefähr so: «Hase, es hat nichts mit dir zu tun, du bist so sexy wie eh und je, aber ich bin todmüde und gestresst!» Bei empfindsamen Damen legen Sie noch einen drauf, denn die denken sonst: «Früher war er so scharf auf mich, dass er abschalten konnte und Stress und Müdigkeit vergaß. Reize ich ihn nicht mehr?» Körperliche Gebrechen ziehen in dem Fall besser. Entlehnen Sie ein paar Klassiker von den Frauen: unerträgliche Migräne, Bauchweh, plötzliche Übelkeit, Rückenschmerzen usw. Das fünfte Mal in Folge wirkt das allerdings unglaubwürdig. Da müssen Krisen her, vorübergehende, versteht sich: « ... beruflich kritische Phase, Existenzielles steht auf dem Spiel!»

Eigentlich müsste man ja drüber reden. Aber in vielen Fällen würde die tiefere Wahrheit lauten: «Du turnst mich einfach nicht mehr so an», «Hier riecht's immer mehr nach Fischmarkt» oder auch «Mopsi, vielleicht geht's ja wieder, wenn du ein paar Kilo abnimmst!», und dann bricht der Terz erst richtig los. Mopsi kriegt Komplexe und Sie weniger Sex, als Ihnen lieb ist – nämlich gar keinen mehr. An die Wurzel selbst zu gehen, ihr etwa einen Weight-Watchers-Kurs, ein Fitness-Abo, eine Brustkorrektur oder eine Vorratsflasche Intimlotion zu schenken, ist ebenso kritisch.

Eine Alternative zum Reden wäre das Handeln bzw. Nicht-Handeln. Sie gehen auf die Avancen Ihrer Amazone ein, aber nur bedingt: Sie stellen sich ein wenig blöd an, lutschen zu doll, gehen *nicht* in den Liegestütz («sorry, mein Rücken …!»). Oder Sie sagen: «Schatz, fang da unten schon mal ohne mich an, ich komm dann nach», und stellen sich nach einer Weile schlafend. Natürlich können Sie auch vor ihr ins Bad gehen und sich dann schlafend stellen, wenn sie wiederkommt; oder Ihren Unterleib so fest in die Decke einwickeln, dass sie keine Angriffspunkte hat. Nach ein paar Malen wird sie es sich gut überlegen, ob es sich lohnt, rüberzulangen.

Sie finden's im Prinzip gut, wenn sie rüberlangt, und wollen's ihr nicht vermiesen? Okay, wie wär's damit: Viele Frauen geben Ruhe, wenn sie ihren Orgasmus hatten. Ein bisschen Handarbeit wird schon noch gehen, oder? Und dauert's arg lang, schützen Sie einen Fingerkrampf vor. Oder Sie schonen Ihre Ressourcen, indem Sie einen Vibrator zu Hilfe nehmen. Kann gut sein, dass Sie sich's dann doch anders überlegen …

Notbremse | Abgang vor dem Abgang

Sie haben was Frisches aufgetan und stehen kurz vorm Vollzug. Dann tut, sagt oder entblößt sie etwas, und Sie wollen nur noch raus. Wie Sie die Notbremse und sich aus der Affäre ziehen.

«Du weißt doch, diese niedliche Blonde aus dem zweiten Stock … die hab ich vorgestern klargemacht», erzählt mein Kumpel Oli. «Ich zieh ihr also den BH aus – da fallen mir so zwei Lappen entgegen, und ich frage mich: Hatte sie die mit Patentfaltung im Körbchen? Ich wollte nur noch weg.» – «Nun hab dich nicht so», erwidere ich, «euer Sack sieht oft auch ganz schön alt aus.» Worauf er mir erklärt, er habe einfach nicht mehr wissen wollen, was sich unter ihrer Hose verberge (Schamlappen bis zum Knie?). Wäre er aus Höflichkeit oder Mitleid geblieben, hätte er am Ende noch als Schlappschwanz dagestanden.

Ich frage: «Und? Wie bist du da rausgekommen?» – «Ich hatte keine Lust auf langes Hin- und Hergequatsche und hab gesagt, ich sei plötzlich so hundemüde, ich wolle lieber nach Hause ins Bett.» Klar war das äußerst unglaubwürdig. Wenn ein Mann baggert, was das Zeug hält, einiges springen lässt und auf dem Weg zu ihr alles drangibt, dass sie bei der Stange bleibt, dann wird er kurz vorm Ziel doch nicht müde! Und das Blöde ist, dass Oli die Gute fast jeden Tag bei der Arbeit sieht.

Auch mein alter Freund Frank brach einmal mittendrin ab. Seine Eroberung fasste seinen Willi mit zwei spitzen Fingerchen an und legte sich dann hin wie ein toter Fisch. Üblerweise roch sie auch noch so. Er entschuldigte sich, seine Ex gehe ihm im Kopf herum. Die Frau war stinksauer, dass er beim ersten Mal mit ihr an eine andere dachte.

Das Einfachste wäre natürlich, ehrlich zu sagen, wo's hakt.

Aber möglicherweise tun Sie's nicht, weil Sie gar nicht wollen, dass sie sich die Zähne putzt, duscht, rasiert, den BH anlässt oder aktiver wird: Lust und Latte sind im Eimer. Obendrein kann man die Wahrheit («vorhin war ich knülle, jetzt, wo ich nüchterner bin, seh ich dich erst richtig») manchmal wirklich nicht äußern. Oft stört da etwas, was die Frau nicht ändern kann, jedenfalls nicht sofort: Hüttenkäse-Schenkel, Genitalwarzen, unförmige Geschlechtsmerkmale und dergleichen.

Laut einer Studie sind die häufigsten Männer-Ausreden «Ich muss früh raus», «Ich bin gestresst», «Ich hab Ärger im Büro» und «Die Börsenkurse sind im Keller». Schlecht, denn das alles facht eher den Ehrgeiz der Dame an, Sie auf andere Gedanken zu bringen.

Dann lieber was Körperliches: Kopfweh, Übergenuss von Alkohol, Übelkeit, Magenbeschwerden. Am besten etwas, was Sie zwingt, sofort zu gehen. Etwa indem Sie sich am ganzen Körper kratzen: «Sag mal, hast du Milben im Bett/eine Katze/ ...? Ich bin Allergiker.» Falls Ihnen ein hellblaues Bändchen aus der Frau entgegenragt: «Ich kann kein Blut sehen ... und riechen kann ich's auch nicht.» Oder Sie betonen, Sie hätten keine Kondome dabei, und wenn sie welche herbeizaubert, geben Sie vor, Sie könnten nur mit der eigenen Marke.

Wollen Sie künftige Annäherungen der Verschmähten auf jeden Fall vermeiden, darf's auch etwas ungalanter sein. Allerdings gilt auch hier: Köpfchen einsetzen! «Ich geh mal eben Zigaretten holen für danach» und nicht zurückkehren, das funktioniert vielleicht, aber sollten Sie die Dame irgendwo wieder sehen, drohen unangenehme Verhöre und Diskussionen. Da müssen Ausflüchte her, die Sie effektiver befreien. Etwa indem Sie den Moralischen kriegen: «Was mach ich hier eigentlich? Was würde meine Mutter von mir denken?» Oder den hier: «Ich habe eine Freundin – und ich bring's doch nicht fertig, sie zu betrügen.» Wirkungsvoll ist auch eine Grundsatzdebatte: «Sag maaal – sind wir dann zusammen, wenn wir jetzt miteinander schlafen?» Sagt sie nein, können Sie abbrechen, sagt sie ja, ebenso. Ferner immer gern genommen: «Ach herrje, ich muss nach Hause, meinen Hund versorgen …» Alternativ: «Ich wollte gar nicht so lange bleiben – mein Auto steht im Parkverbot.» Radikaler Abgang für einen bereits laufenden Koitus, zum Beispiel ein dröges Rammelprogramm: den Namen einer anderen seufzen oder abbrechen und jammern, die Ex gehe einem nicht aus dem Kopf.

Alle Ausreden sparen können Sie sich, wenn die Gute einfach ungepflegt ist, etwa eine olle Damenbinde zutage fördert oder riecht, als hätte sie in der Mülltonne übernachtet. Da reicht auch ein «Danke, mir ist's vergangen», während Sie Ihre Preziosen wieder in den dafür vorgesehenen Behältnissen verstauen.